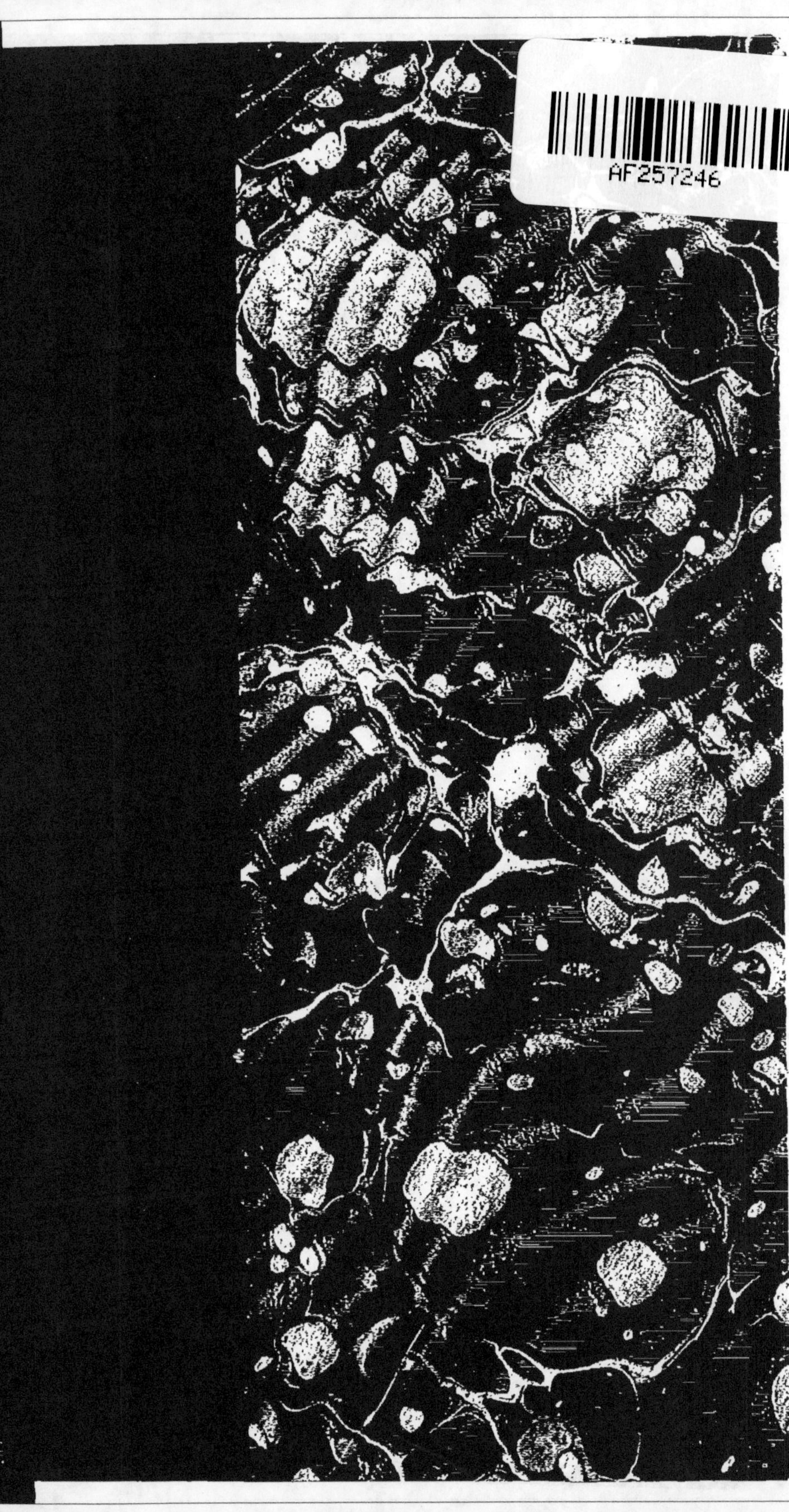
AF257246

ROBERT 1989

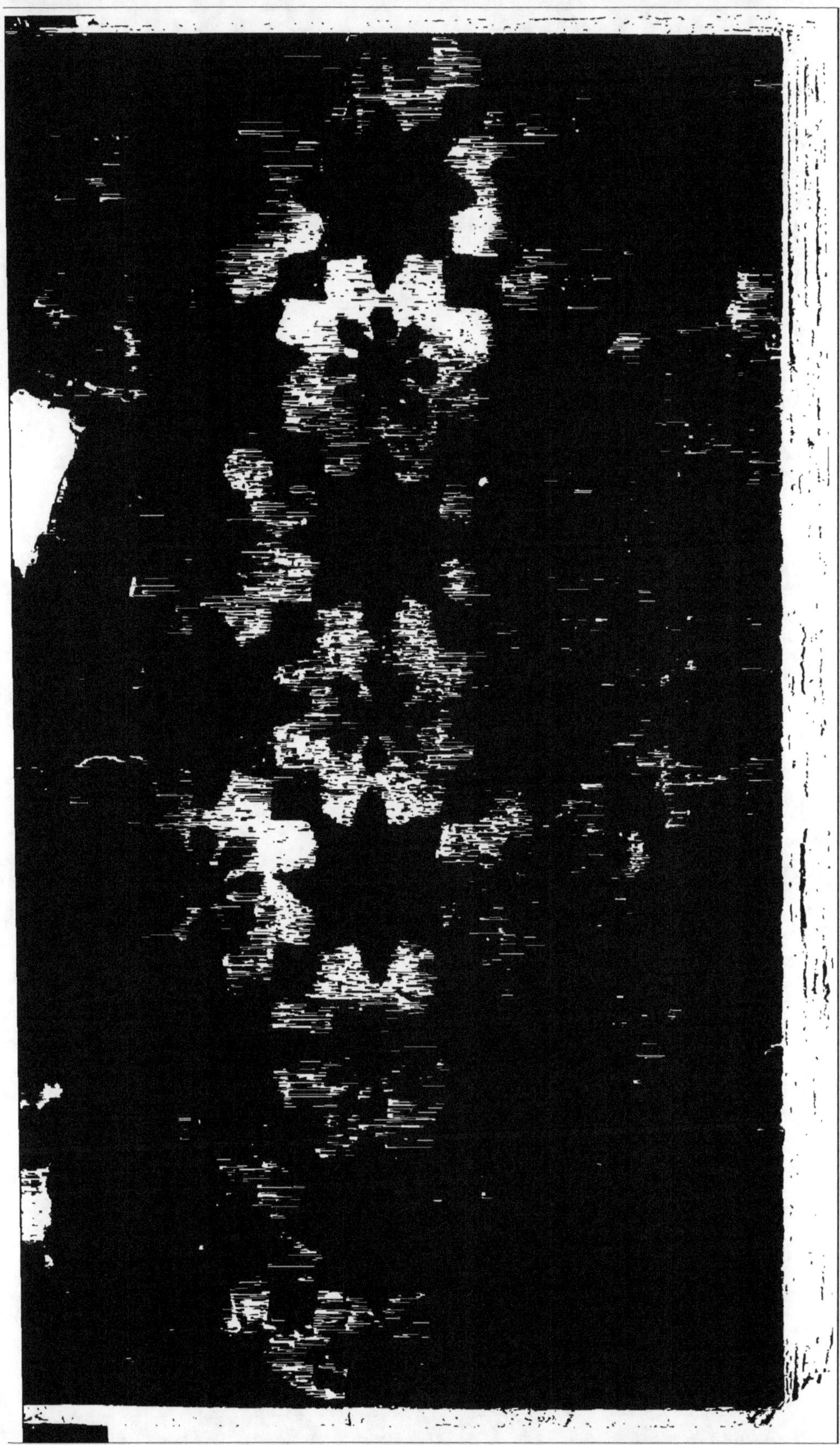

N° 302

Bourgoin f- ellou

Z 173.
+ C. a.

ENCYCLOPÉDIE PORTATIVE,

OU

SCIENCE UNIVERSELLE,

A la portée de tout le monde,

Par

Un Citoyen Prussien.

A Berlin,

Chez tous les Libraires.

M. DCC. LVIII.

PRÉFACE

DE

L'ÉDITEUR

De

l'Encyclopédie Portative.

Ce n'est pas assûrément pour faire valoir ce petit ouvrage par un Titre pom—

peux, qu'on lui a donné celui d'Encyclopédie, mais parce qu'il le mérite réellement, & que nous n'en avons point trouvé qui lui convienne mieux.

Le mot d'Encyclopédie, que l'on connoissoit à peine il y a dix ans, est aujourd'hui presqu'aussi connu que celui de Dictionnaire ; par conséquent il ne doit point révolter les gens raisonnables,

ni même ces gens difficiles &
délicats qui s'effarouchent
quelquefois sans raison à
l'aspect d'un mot qui sent,
tant soit peu, la Science &
l'érudition solide.

Il faut convenir que le
nombre de ces derniers est
considérable ; mais il faut
avouër aussi que le nombre
de ceux qui pensent plus
solidement, n'est pas si petit
qu'on se l'imagine. Malgré

Préface.

Les plaintes qu'on entend presque tous les jours sur le goût du siécle, il y a beaucoup de personnes de l'un & de l'autre Sexe qui prennent plaisir, si non d'épuiser les Sciences, du moins de les effleurer, pour en avoir une légère teinture. C'est à ces derniers que nous présentons ce petit ouvrage ; il pourra leur être d'une grande utilité,

Préface.

non pas à la vérité pour
y puiſer les Sciences dans
toute leur étenduë: car
l'érudition & le ſçavoir
ſont comme un Océan im-
menſe ſur lequel on ne s'ex-
poſe pas dans une nacelle;
c'eſt un gouffre & un abîme
qu'on ne peut regarder ſans
en être étonné & effrayé;
mais du moins les Amateurs
des Sciences peuvent ſe
ſervir de ce petit livre

Préface.

comme d'un guide fidéle,
qui leur indique la route
qu'ils doivent tenir, pour
parvenir au but qu'ils se
proposent; & de même
que toutes les lignes d'un
grand cercle aboutissent à
leur centre, ou qu'un miroir
ardent rassemble & réunit
dans son foyer les rayons
épars du Soleil, ainsi cette
petite Encyclopédie ren-
ferme & concentre toutes

Préface.

Les differentes classes des Arts & des Sciences que l'esprit humain puisse comprendre; l'histoire naturelle sur tout y est traitée avec beaucoup de soin & avec un peu plus d'étenduë que le reste.

Ceux qui étudient cette belle science, doivent sçavoir bon gré à l'Auteur d'avoir fourni de la matiére & de l'étoffe à leurs recherches.

Préface.

La méthode & l'ordre
sont si claires & si pré-
cises, qu'on doit remercier
l'Auteur de la peine qu'il
a prise d'être si court, &
de dire tant de choses en
peu de mots. C'est assû-
rément un homme de mérite,
& un homme laborieux
& patient. Nous ne
sçavons ni son nom, ni ses
qualités ; notre éloge lui en
doit paroître moins suspect.

Au reste, quelqu'utilité qu'on puisse tirer de ce petit Tableau des Sciences, ceux qui l'examineront avec quelque attention, se convaincront du moins de cette grande vérité : que plus on apprend, moins on sçait, & que ceux là sont les plus sçavans qui voyent combien de choses ils ignorent, & combien il leur en reste encore à sçavoir ; quand

Préface.

on ne tireroit d'autre avantage de cette Encyclopédie,
celui - cy Seul pourroit
suffire.

L'HOMME

devroit fans cesse s'appliquer à bien connoitre

LE TOUT UNIVERSEL

c'est à dire

Dieu, Soi-même, & le Monde.

I. *Dieu*, & en lui

1. L'Existence.
2. L'Essence.
3. Les Attributs.
4. La Trinité.
5. Les Oeuvres.
6. Le Culte.

II. *L'Homme*, qui renferme

1. *L'Ame*, où

    a) Les facultés de l'ame.
    b) Les passions.
    c) Les vertus & les vices.
    d) Les perfections & les imperfections de l'Ame.

A   2. *Le*

2. *Le Corps*, où il y a à confidérer

a) *Les parties*, favoir
    α) Effentielles.
    β) Externes.
    γ) Internes, de même que
b) *Les Maladies & les Infirmités*, qui tirent leur origine
    α) Du défaut & de la difformité des membres.
    β) De la féparation & des blef-fures des parties folides.
    γ) De la mauvaife conftitution des humeurs & du fang.
c) *La Confervation du Corps.*
    α) Par la nourriture, comme le manger & le boire.
    β) Par le vêtement, fait de tou-tes fortes de matieres, pour le fexe mafculin & pour le feminin.
    γ) Par la demeure, où il s'agit de la maifon & des meu-bles.

3. *L'Etat de l'homme*, confidéré

a) par raport à l'*âge*; la Jeuneffe, la Vieilleffe.

                                 b) à

b) à la *connoiſſance*, la ſcience &
les emplois. L'homme peut être
ſavant, homme de Cour, d'Etat,
de Guerre, Marchand, Artiſte,
Artiſan, ou Oeconome.

c) *à la Société*, entre
Mari & Femme.
Parens & Enfans.
Maitres & Domeſtiques.
Magiſtrats & Sujets.

d) *A l'union avec Dieu & le vrai bon-
heur éternel* : où
L'Etat d'innocence.
L'Etat de péché.
L'Etat de grace.
L'Etat de gloire.

e) *aux autres circonſtances*, comme
ſelon la ſanté.
ſelon le bonheur, &c.

III. *Le Monde.* Il y a beaucoup de
créatures.

1. *Sur la Terre.* Où il y auroit à
conſidérer

a) Les Corps, ſelon leur Eſſence,
Nature, Proprieté.

b) Les Elémens des Corps, comme
le Feu, l'Eau, l'Air, la Terre.

A 2

c) Les

c) Les corps les plus compofés, felon les divers régnes de la Nature; favoir

α) Le Régne animal, où fe trouvent les animaux quadrupédes, volatiles, aquatiques &
reptiles.

β) Le Régne des Végétaux, au-
quel appartiennent la Verdure, l'Herbe, le Blé, les Fleurs,
les Arbuftes & les Arbres.

γ) Le Régne des Mineraux, qui
contient la Terre, le Sable,
les Pierres, les Métaux, Bi-
tumes.

δ) Le Régne de l'Eau, fous le
quel font les Puits, Ruiffeaux,
Fleuves, Lacs, Mers.

2. *Dans la région de l'Air* fe trouvent

a) L'Atmofphère, & fes proprietés.
b Le Mouvement de l'Air, où il
s'agit des Vents & du Son.
c) Les Metéores, qui font en partie
de feu, d'eau, ou de feu, d'eau
& d'air enfemble.

3. *Dans le Firmament.* On y con-
fidére

a) la

a) la grandeur & la divifion du Ciel
par des Lignes, des Cercles,
des Situations &c.
b) La Nature & le nombre des
Corps céleftes, comme
du Soleil,
des Planetes, favoir
Mercure,
Venus,
La Terre & fon Satellite,
La Lune,
Mars,
Jupiter, & fes 4. Satellites.
Saturne, & fes 5. Satellites.
Les Etoiles fixes, divifées en conftellations.
Les Cométes, & les autres Corps
céleftes.
c) La difpofition du Monde.
α) Les differens Syftémes, felon
plufieurs Savans.
β) La pofition & l'ordre des
corps céleftes felon le meilleur Syftéme.
γ) Les Phénoménes & les Evé-
nemens fuivant ce Syftéme.

A 3 L'HOM-

L'HOMME

devroit fans ceffe s'étudier à bien connoitre

LE TOUT OU L'UNIVERS,

c'eft à dire

I. Dieu, II. Soi même,
III. Le Monde.

I. Il faut connoitre *Dieu* de manière

1. Qu'on puiffe en *prouver l'Exiften-
ce* par les preuves, que four-
niffent

  a) *La Confcience* de l'homme, mais
  encore plus

  b) *Les Oeuvres* de la Création : &
  avec plus d'évidence & d'étenduë

  c) *L'Ecriture Sainte* ; & enfin d'une
  manière falutaire

  d) *L'Expérience fpirituelle de la Charité & de la bonté de Dieu.* De
  là refulte ultérieurement

2. *L'Effence de Dieu* en quelque façon manifeftée ; car l'homme
  peut réconnoitre que

  a) *Dieu*

a) *Dieu eſt un Eſprit très-parfait*, qu i
non ſeulement a en ſoi

b) *Le Souverain bien* , parce qu'il
poſſéde au ſuprème dégré tout
bien , mais auſſi

c) *La plus heureuſe Eſſence* , qu'on
nomme avec raiſon la très-ado-
rable Divinité. Et ceci indique ʔ

3. *Les Attributs de Dieu* , dont les
principaux ſont :

a) L'Eternité.
b) L'Immenſité.
c) L'Immutabi-
lité.
d) La toute Puiſ-
ſance.
e) La toute Sa-
geſſe.
f) La toute Pré-
ſence.
g) La toute Science.
h) La Vérité.
i) La Charité.
k) La Miſéricorde.
l) La Juſtice,
m) & la Sainteté.

Outre cela il eſt fait mention dans
l'Ecriture Sainte

4. *De la Trinité.* Myſtère vraiement
divin, ſavoir :

a) *Qu'il n'y a qu'*une ſeule Eſſence
divine.

b) *mais qu'elle* renferme trois perſonnes differentes : le Père, le
Fils , le Saint Eſprit, *qui*

5. Diſtingue en quelque façon *les Oeuvres de Dieu* : car c'eſt là, que ſont particulierement attribuées

a) Au Pere : *la* Création , *la* Providence, *la* Conſervation, *le* Gouvernement, *& la* Prédeſtination.

b) Au Fils : *La* Redemption, *la* Réſurrection des morts , *& le* Jugement dernier.

c) Au Saint Eſprit : *l'*Inſpiration de *l'*Ecriture Sainte , *la* Vocation, *l'*Illumination, *la* Régénération, *la* Sanctification du pécheur. *Par là l'homme eſt mis à portée de connoitre à fond ce que c'eſt que*

6. *La Religion,* & il pourra alors bien obſerver

a) La vraye Religion , ou le vrai culte divin, *qui eſt conforme aux attributs & à la* volonté de Dieu : *& non pas*

b) La Religion ſimplement naturelle, *inſuffiſante au ſalut , à la quelle on donne le nom de* Naturaliſme *&* Rationaliſme : *ni même*

c) La manière perverſe de ſervir Dieu, *ſoit l'*Idolatrie *la plus groſſière,*

fière, ou la Superftition *qui regne*
encore, non feulement dans le Pa-
ganifme *, parmi les* Juifs *& les*
Turcs, *mais même dans le* Chri-
ftianisme, *parmi tant de préten-*
dus Chrêtiens, Luthériens, Ré-
formés, Catholiques *, & parmi*
tous ceux qui en font féparés. Soit
encore

d) *De négliger & d'oublier entiere-*
ment le Culte divin *, ce qui fait*
l'Athéifme.

II. *L'Homme,* dont la partie principale eft

1. *L'Ame, un* Efprit immortel, créé
par Dieu, *& doué de facultés*
particulières. Car on trouve dans
l'Ame de l'homme

a) Les facultés de l'Ame *, en partie*
α) Pour connoitre les objets,
(1) Soit diftinctement *, c'eft*
pourquoi l'homme a un Efprit,
une Raifon, *le* Génie, *le* Jugement.
(2) Soit confufément *, ce qui fe*
*fait par l'*Imagination, *la* Mé-
moire, *& le* Souvenir, *de mê-*
me que par les cinq fens, *com-*

A 5

m

me le Goût, *l'Odorat, l'Ouié,*
la Vûé, *le* Tact.

b) *En partie*, par le defir de quelque chofe, *d'où nait la* Volonté, *le* Choix *& les* Inclinations
fenfuelles; *plus*

b) *Les* paffions, *qui fe manifeſtent*

a) *Dans* nos propres affaires : elles peuvent être

(1) Bonnes, *d'où viennent*

a) *Quand* le bien n'eſt pas préfent,
Defir, Souhait, Efperance, *&c.*

b) *Quand* il eſt préfent, Amour Joye,
Gayeté, Plaifir.

c) *Quand* il nous eſt ravi : Trifteſſe,
Douleur, Regret

(2) Mauvaifes; *& alors,*

1) à l'approche du mal : Angoiſſe,
Crainte & Tremblement.

2) à l'apparition du mal : Timidi-
té, Terreur, Détreſſe.

3) à la préfence du mal : Colére,
Haine, Trifteſſe.

b) *On* remarque les paffions fuivantes, *dans ce qui* concerne
autrui, *favoir*

(1) Sont-elles bonnes : *On ap-*
perçoit tantôt, Bienveillance,
Félicitation, *& même* Envie.

(2) Sont

(2) Sont elles mauvaises; Compassion, Pitié, Joye du mal d'autrui. *Si ces paſſions ſont ſuivies, il en réſulte*

c) Les Mœurs de l'Homme, *qui*

   1) *En parties ſont de* bonnes mœurs, *&* qualifiées *du nom de vertus. L'Homme les pratique par l'Obſervation de ſes devoirs*

α) Envers Dieu, *comme* Pieté, Crainte, Amour, Confiance, Obéiſſance, *&* Culte.

β) Envers ſoi même, *il y a*

   1) Activité *&* Diligence.

   2) Temperance, *qu'on nomme*

     (1) Abſtinence, *quant à ce qui regarde les affaires d'autrui.*

     (2) Sobrieté, *dans le manger & le boire.*

     (3) Chaſteté, *dans la pureté du corps & des habits.*

     (4) Pudeur, *dans le Diſcours, le Geſte & les Actions.*

     (5) Modération, *dans l'envie de ſe diſtinguer.*

   3) Valeur *&* Magnanimité, *où paroit la Gravité dans le Vêtement, la Démarche, & le Diſcours,*

                        &

& *même la* Débonnaireté, *la* Grandeur d'Ame, *la* Modération, & *la* Patience.

γ) Envers le Prochain.

 1) Humanité, Modeſtie, Affabilité, Candeur, Sincérité, Honnêteté, Concorde, & Debonnaireté.

 2) Equité, *en toutes choſes, dans la* diſtribution des Charges, Récompenſes & Punitions.

 (3) Bénignité, Empreſſement à rendre ſervice à autrui, Libéralité, Indulgence. *Pour bien obſerver toutes ces vertus, il faut*

 (4) *De la* Prudence, *de la* Sincérité, & *de la* Conſtance.

d) *Il y a auſſi des* Mœurs *corrompuës.* Ce ſont les vices, *au nombre des quels ſont*

 1) *Par* rapport à Dieu, *l'*Athéiſme, *l'*Impieté, *la* Superſtition.

 2) *par* rapport à l'homme, *les vices oppoſés*

  (1) *à l'*activité, *comme la* Nonchalance, *la* Pareſſe, *le* Dégout.

  (2 *à la* Tempérance; *la* Voracité, *l'*Yvrognerie, & *la* Senſualité. (3) *au*

(3) *au* Courage, *la* Pufillanimi-
té, *l'*Impatience, *le* Défefpoir,
la Témérité.

e) Les Perfections & les Imperfe-
ctions, les Défauts, *&* *les* Infirmités ; *&* *les autres chofes que
nous remarquons dans l'Ame & dans
le Cœur de l'homme font les fuivantes:*

1) Quant à la faculté de connoitre
quelque chofe : *On dit de celui qui*
connoit une chofe, *qu'il eft* Intelli-
gent. *De celui qui invente bien,*
qu'il eft Adroit. *De celui qui exa-*
mine bien les chofes, qu'il eft Indu-
ftrieux. *De celui qui comprend fa-*
cilement, qu'il eft Ingénieux. *De*
celui qui par l'application, affure fes
connoiffances, qu'il eft Expert. *De*
celui qui fait en faire ufage, qu'il eft
Prudent. *De celui qui les met en*
pratique, qu'il eft Sage. *De celui*
qui en abufe, Rufé *&* Trompeur.
Au contraire, celui qui ne fe met en
peine de rien, paffe pour Lâche,
Pareffeux; *celui qui ne comprend*
rien, pour Stupide; *celui qui ap-*
prend lentement, pour Brute; *ce-*
lui qui ne refléchit pas, pour Im-
prudent.

Autant

Autant que quelqu'un *retient* par le moyen des Sens ; *autant* fait-il ; ce qu'il *découvre par la* Raifon, il l'entend *à fond* ; ce qu'il *admet fur le dire d'autrui*, il le croit. *Si la* Rélation eft vraifemblable, *c'eft une* Perfuafion ; *eft-elle prouvée, c'eft une* Conviction. *L'admet-on* fans preuves ; *c'eft une* Credulité.

Nous admirons les chofes, *dont nous* ignorons *la* Caufe *&* le but. *Celles que nous voulons* bien connoître, *nous les* examinons à la rigueur ; *car la* véritable perception des chofes, *en produit la* Science ; *mais d'une* fauffe perception vient l'Erreur : *d'une* fimple, *provient* l'Opinion. *De la* conjecture *naît* le foupçon. *De* l'Incertitude *le* doute. *Y a-t-il quelqu'obftacle, voilà* le dégoût. *N'a-t-on point d'i-*dée d'une chofe ; *voilà* l'ignorance.

2) Par rapport à la volonté, *les entreprifes outrées & les* Efforts *tout à fait inutiles trouvent ici leur place.*

Si quelqu'un agit méchamment par Imprudence, *c'eft une* Faute ; *eft-ce* volontairement, *c'eft un* Crime ; *eft-ce à* deffein, *c'eft* Malice ; *eft-ce*

par

par sceleratesse, *c'est* Friponerie ;
est-ce avec excès , *c'est* Coquinerie,
est-ce pour tourmenter les autres,
c'est une méchanceté, *Perverfité.*

2. *Le Corps*, *comme la feconde partie
effentielle de l'homme , il faut examiner de fuite*

A) Les parties du Corps : *Lesquelles
font*

a) Les parties internes & plus
fimples : *dont*

1) *les* parties folides *font : les* Fi-
bres, *les* Nerfs, *les* Membranes,
les Tuniques, *les* Ligamens, *les*
Os, *les* Cartilages , *les* Muscles,
les Tendons, *les* Glandes , *la*
Graiffe, *toutes fortes de* vaiffeaux
ou veines , *favoir les* Artères,
les Veines , les Conduits lym-
phatiques *&c.*

2) *Les* fluides, *favoir*, *le* Sang, *la*
Sérofité , *l'eau* falée , *la* Sueur,
les Larmes, *l'*Urine, *le* Chile, *le*
Lait, *la* Semence, *la* Morve, *la*
Salive, *le* Fiel, *le* Suc méfente-
rique , *le* Suc glandulaire , *le*
Suc de Nerfs , *les* conduits Sali-
vaires , ceux *du* Fiel, *les* Réfer-
voirs

voirs du Chile & *du* Lait, *les*
Cheveux, *les* Ongles &c.
*Toutes ces choses appartiennent à la
Science anatomique, & y seront
expliquées specialement & plus
amplement.   Car l'on y trouve*

1. La Dermatologie, qui traite des
   Membranes.
2. La Myologie, qui traite des parties
   charnues & musculeuses.
3. La Nevrologie, qui traite des Nerfs.
4. L'Osteologie, qui traite des Os du
   Corps humain.
5. L'Adenologie, qui est l'explication
   des Glandes.
6. L'Angiologie, qui traite des Veines & des Arteres.
7. La Splanchnologie, qui est la
   science des Intestins.

    β) *Les externes & les plus composées ;*
font

a) La Tête.

    1) *Le* Crane, *la partie couverte de*
Cheveux, *le* devant, *le* derriere
de la Tête, *les* Temples, *le* som-
met de la Tête, *les* Oreilles.

    2) *La* Face, *le* Front, *les* Yeux,
les Joues, *la* Bouche, *les* Lévres,
le Menton.

3 ͤ

3) *Le* Cou, *où est la* Gorge, *la* Nu-
que, *les* Epaules.

b) Le Tronc, *dont les parties sont :*
1) *Le* haut du tronc, *où se trouve
la* Poitrine, *le* tour de la Gorge,
les Mamelles, *le* Creux de l'esto-
mac, *le* Dos, *l'*Epine du dos, *les*
Epaules, *&* *les* Côtes, *avec les*
parties charnues.
2) *Le* Ventre, *où l'on observe,*
(1) L'Epigastre, *où la partie* umbili-
cale, *le* Hypogastre, la partie
Sciatique.
(2) *Le* Giron, *où les* Reins, *les parties*
honteuses, *les parties* génitales,
les Fesses, *le* Fessier.

c) Les membres, *tant*
1) *Les* superieurs, *comme les* mains,
les bras. On y observe les *E-
paules*, *les* Aisselles, *les* Bras, *le*
Coude, *le* Haut de la main, *le*
Milieu de la main, *le* Dos de la
main, *la* Paume de la main, *les*
Doigts, *comme,* *le* Pouce, *l'*In-
dex, *le* Doigt du milieu, *l'*An-
nulaire, *& l'*Auriculaire.
2. *Les* Inferieurs, *savoir les* Jambes, *où il y a encore, la* Hanche,
le Ge-

le Genou, *le* Jarret, *la* Gréve, (l'os de la Jambe.) *le* Gras de la jambe, *la* Cheville du pied. *Le* devant, *le* milieu, *la* plante du pied, *les* Talons, *les* Orteils.

γ) Les parties toutes internes du Corps, *il y a*

a) Dans la Tête, *outre le* Cerveau, *&* le Cervelet, *la* moëlle defirée, *& la* moëlle Spinale.

De plus les Yeux, *avec leurs differentes Tuniques, Humeurs &* *Mufcles.*

Les Oreilles, *où il y a extérieurement,* le bout de l'Oreille; *la* Coquille, *le* Lobe, *interieurement le* Trou, *le* Tympan, *le* Labyrinthe *&c.*

Le Nez, *où fe trouvent* divers Offemens, *la* Paroi mitoyenne du nez, *la* Morve *&c.*

La Bouche, *qui renferme trente deux* Dents, *favoir* huit Dents *incifives,* quatre Dents oreilleres, feize Dents machelieres, quatre *de fageffe;* la Gencive, *la* Langue, *le* Palais, *les* Amigdales, *la* Luette.

b) Il

b) *Il se trouve dans la partie* supérieu-
re du corps, *le* Diaphragme, *le*
Mediaſtin, *le* Poulmon avec ſes
deux Lobes, *la* Trachée artére,
le Cœur, *le* Goſier, *les* Veines
lactées, *&* *les* Veines de la poitrine.

c) *On remarque dans le* bas Ventre :
L'Oeſophage, *l'*Eſtomac, *la*
Coéffe, *les* Trippes, *& de plus*

α) *Les* petits boyaux, *comme le*
Duodenum, *le* Cave, *le* menu
boyau.

β) *Les* gros boyaux, *comme le*
Cæcum, *le* Colon, *le* Culier.

1) *Le* Meſentére, *la* Rate, *le* Foye,
les Rognons.

2) *La* veſſie du fiel, *de* l'urine, *les*
parties genitales.

Le Corps de l'homme eſt ſujet à beaucoup
d'accidents : d'où proviennent

B. *Les Infirmités, les defauts, & les*
maladies du corps, y compris

1) La difformité du Corps : *car il*
peut y avoir
Des membres, ou parties du corps trop
grandes, *ou* trop petites, *il peut*
y en avoir trop ou trop peu : *el-*
les

les peuvent être ou deplacées *ou* difformes *&* de nul ufage. *C'eſt pourquoi on trouve des* gens gros, robuſtes, gras, pançards ; *mais auſſi des* gens maigres, dé-charnés, fecs ; *d'autres qui ont* de groſſes têtes, *&* de groſſes lévres, des boſſes, des goitres, de longues mains *&* de longs pieds. *Quelques uns ont* de pe-tits yeux. *L'un eſt* borgne, *l'autre* a la vuë trouble, *le troiſie-me eſt* louche, *le quatrieme eſt* myope, *le cinquieme* cligne des yeux, *&* ne ſauroit voir de loin *&c.*

D'autres ſont muets , balbutians, bégues, ne ſauroient prononcer l'R. *Quelques uns n'ont qu'une* main, *qu'un* pied, *ſont* boiteux, eſtropiés , disloqués : *il y a mê-me* des monſtres à deux têtes, deux corps , des nains , des géans *&c.*

2. *Que s'il s'eſt fait quelque ſéparation des parties* contiguës & ſolides du corps humain ; ce ſera alors *ou une* playe, *qui provient d'une* mor-fure,

fure, *d'une* piquûre, *d'un* coup de tranchaut *&c.*

ou un coup, *une* balafre, *qui se fait en* hachant, heurtant, écrafant.

ou des échymofes, *un* cal *fait par un* fouet :

ou ce font de petites enflures, puftules, ampoules, bourgeons, rougeoles, petite verole : La playe d'un membre gelé *appartient ici.*

Il n'y a d'abord qu'une tâche, *peu après une* tâche bleue, *une* inflammation, *une* enflure, *un* froncle, *ou* ulcére, fanguin, dur, *ou* fluide. *Paſſe-t-il outre ? il en provient un* chancre. *Gagne-t-il l'os, c'eſt une* carie; *& ſi la partie malade eſt morte & hors de ſes cours, c'eſt* la Gangréne.

Il ſe peut que cette ſéparation des parties liées ne ſoit qu'une dislocation, *quand* les os *font fortis* de la boëte, *ou bien c'eſt* une fracture de bras *&* de jambes, *les os étant caſſés.* Ou ce peut être une hernie (rompure) *ainſi dite, quand* la toilette *dans* le bas ventre *eſt rompuë, &* les boyaux *paſſés dans* la bourfe *cauſent* une enflure.　　　　3. De

3. *De la mauvaise constitution des hu-
    meurs & des parties fluides*
    naissent toutes sortes de mala-
    dies.

a) Aux parties de la tête, les maux de
    tête, les vertiges, rages de
    dents, chassies, enrouement,
    l'esquinancie, *les* glandes en-
    flées.

b) Aux parties supérieures du corps,
    savoir au cœur, & aux poulmons ;
    le battement de cœur, l'asthme,
    l'oppression, la phtisie, l'étisie.

c) Aux parties inférieures du corps,
    par exemple,
    dans l'Estomac, *par rapport à la con-
    coction & digestion des Alimens,*
    le mal d'estomac, le dégoût des
    viandes, le soulévement de
    cœur, le hoquet, les vents, le
    vomissement, *& toutes sortes de
    fievres, comme* les frissons, la
    fievre quotidienne, tierce, quar-
    te, chaude, pourprée, continuë,
    contagieuse.

    Dans les Intestins, l'obstruction, la
    colique, le cours de ventre
    (diarrhée). La dyssenterie, la
    colique

colique bilieufe , le Miferere.

Dans la Rate, *le fiel & le foye*, l'épan-
chement, l'hydropifie , la galle,
la petite verole , la rougeole,
la jauniffe.

Dans la ferofité, la fciatique , la gravelle, la retention d'urine.

d) Les membres *font non feulement* at-
taqués de la goutte , chiragre,
podagre , gonagre , ifchiagre,
mais auffi de la crampe, des
convulfions , *de* l'apoplexie, du
mal caduc , *de la* paralyfie, *&c.*

e) Dans les fens *fe trouve* l'aveuglement , la furdité, le défaut d'o-
dorat, de goût, d'attouchement.

C. *Tout homme doit avoir à cœur la
confervation de fon corps.* Le
plus néceffaire eft

1. La Nourriture du corps, *favoir :*

a) Les viandes *qui font faines &
fuffifantes pour la confervation du
corps* , *fçavoir*

α) *ordinaires & communes, comme*
Du pain, *p. e.* du pain de froment *ou* de feigle, du pain de
ménage, du biscuit, des cra-
quelins,

quelins, du pain de levain *&* ſans levain.

De la viande, *p. e.* de bœuf, de veau, de cochon, de mouton, de bouc, *& quelquefois* du rôti de ſanglier, & d'autre venaiſon, *de même de toutes ſortes* de boudins, *comme* des boudins de ſang, de foye, des ſauciſſes, *&c.*

Du fromage, *ſçavoir de* vache, *de* brebis, *de* chevres, *du* beure *&c.*

Des herbages, *p. e. des* choux, *des* choux bruns & verds, *de la* ſalade, *des* navets, carottes, panais, raiforts, oignons, aulx, *&c.*

Des legumes, comme fruits, noix, poires, pois ſucrés, feves, lentilles, millet, ris, froment, ſeigle, orge, avoine, *&* grains, *qui ſuivent ci après.*

β) Les mets bons & ragoûtans *de toute eſpèce ; comme* le bouilli, rôti, tourtes, pâtés, gâteaux feuilletés, farcis, épicés, omelettes, gaufres, *& autres* gâteaux, confitures *&* pâtiſſeries.

b) La boiſſon. *Il y a une grande diverſité dans les* boiſſons : *car*

L'un

L'un *étanche fa foif* par l'eau , la biére, le lait , & le vin.

L'autre *plus* gourmand & fenfuel
prend des boiffons fortes , de
l'eau de vie ; *d'autres* des boiffons bouïllies , *que l'on prend*
chaudes , *comme* le Thée , le
Caffé , le Chocolat, &c.   *La*
feconde partie des chofes néceffai-
res pour la confervation du
corps , eft :

2. Le Vêtement , *on remarque*

  a) La Matiere , l'étoffe *dont on fait*
    les habits.   C'eft du chanvre,
    du lin , de la laine , du coton,
    de la foye , du cuir ,de la peliffe,
    des peaux, &c.

  b) Les façons des habits *font pres-*
    que innombrables : nous ne fe-
    rons mention ici que

    α) *Des* habits d'hommes : *La*
      chemife, *le* corfelet, *la* ca-
      mifole , *le* juftaucorps , *le*
      manteau, *le* chapeau, *la* cu-
      lotte, *les* bas, *les* fouliers, *les*
          B   bottes,

bottes, *les* pantoufles *ou* fa-
vattes, *&c.*

β) *Les* habits de femme *font toutes fortes de* bonnets, coëffes, coëffures, coëffes de gaze, den-
telles, braffelets, colliers, *&c. devant de corps*, (*ou* Busquié-
res) mandilles, gans, pan-
toufles.

c) La compofition des habits *par la* Coûturiere, *le* Tifferan, Bro-
deur, Tailleur, Cordonnier, Pelletier, *&c.*

3. La confervation du corps *demande auffi* une demeure; *on confi-
dere ceci*

a) par rapport aux bâtimens *&* à l'Architecture : *favoir*

α) L'ordre des bâtimens *qu'on pourroit divifer*

(1) En bâtimens publics, *des-
quels font* les Chateaux Royaux, Palais, Hôtels de Ville, Eglifes, Tours, Portes de Ville *&c.*

(2) En

(2) En bâtimens particuliers, *pour des perſonnes privées, qu'ils ſoient* ſuperbes *ou* communs, bas *ou* hauts, de deux *ou* de trois étages.

ß) *De la manière de bâtir, où il s'agit*

(1) Des bons matériaux, du bois, des pierres, du ſable, de la chaux, du mortier, du metal, *&c.*

(2) Des parties principales *d'un bâtiment, lesquelles ſont* les Fondemens, les Parois, le Toit.

(3) De la diſpoſition & de l'ordre, *tant* des portes, des fenètres, eſcaliers, lucarnes, cheminées, *que des* apartemens, poiles, chambres, cuiſines, caves, voûtes, *& leurs* gréniers *&* plafonds.

b) Par rapport aux meubles, *ou pieces neceſſaires dans le* ménage.

α) *Les uns ſont* d'argile *ou* de terre : *comme* les fourneaux, les

 pots,

pots, les plats (écuelles) affiettes, les cruches.

β) *D'autres* de verre, *comme des*
verres *de différentes* façons &
à divers ufages, *p. e.* des Mi-
roirs, Lanternes, Lunettes,
verres à vin, à biére, des
bouteilles, &c.

γ) *D'autres encore*, d'argent,
d'or, d'étain, de cuivre, de
fer, *comme* couteaux, cuil-
lieres, haches, fcies, clefs,
affiettes, gobelets.

δ) & *autres encore* de bois, *comme* tables, bancs, buffets,
(armoires) Chaifes, felles,
bois de lit, caiffes, cu-
veaux &c. *Enfin fuit la do-
Ctrine de l'homme.*

III. *L'Etat*, où fe trouve l'homme du
moment de fa conception jufqu'à
la fin de fes jours, peut être
confidéré de différentes manieres: comme

1. Selon fon âge & les differens de-
grés: *car tant que l'homme eft
dans*

dans le ventre de sa mere, on le nomme

a) L'Embrion ; *s'il vient au monde, c'est* un nouveau né, un enfant d'un, de deux, de trois ans; *ensuite c'est un* garçon, un jeune homme, un adulte, *puis* un homme, marié *ou* non marié ; *ou* veuf, vieux *ou* vieillard.

b) *Pour* le sexe feminin, *c'est* un enfant, une fillette, une demoiselle, une femme, à la fleur de son âge, âgée, ou vieille, une décrepite.

2. Selon les lumiéres, l'emploi, & les fonctions *de l'homme*

a) *Ou il s'applique à ce qui tend* à l'Erudition *ainsi dite*, & *il est alors*

en général, savant, expert, qui sait beaucoup, habile, éclairé.

en particulier, un Grammairien, Historien, Philosophe, Mathematicien, Théologien, Medecin, Jurisconsulte.

B 3   b) Ou

b) Ou il employe son tems & sa peine *à ce qui concerne* la dispo-sition , la conservation *&* l'a-mélioration de l'Etat. *Il re-présente ici*

Tantôt , un Prince, Régent, *qui tient les* rênes de l'Etat, qui commande , gouverne , & régne.

ou il vit à la Cour en homme d'Etat, *& a en main* les affai-res privées de l'Etat *&* du *Royaume; de là vient qu'il peut être* Ministre du Roy, du Prin-ce ; un Courtisan , homme d'Etat, Conseiller, privé *&* de Cour *&c.*

Ou il est au fait de la guerre , *& passe sa vie à* des operations martiales, *& par là même c'est* un Soldat, *soit* Officier, *p. e.* Général, Colonel, Major, Ca-pitaine, Lieutenant, Enseigne.

Ou simple Soldat, *& dans* l'In-fanterie, Grenadier, *ou* Mous-quetaire ; *dans la* Cavalerie, Houzard *ou* Cuirassier , *ou* Dragon.

c) Ou

c) *Ou il* a un Négoce. *Il y a* de grands & de célébres Marchands *qui trafiquent en gros* dans les foires les plus renommées *des villes marchandes: Il y a aussi* de petits marchands, *comme les* Merciers, Fripiers, Courtiers, *qui* tiennent boutique ouverte les jours de foires *&* de marchés ordinaires, *ou vont* vendre *leurs denrées* de maison en maison.

d) *Ou il* s'applique aux Arts, *& tâche de s'y distinguer: soit comme* Apoticaire, *ou* Imprimeur, Horloger, Orfévre, Peintre, Sculpteur, *&c.*

e) *Ou il* a appris une profession, *il est* Boulanger, Meûnier, Tailleur, Cordonnier, Tanneur, Tisserand, Potier, Marèchal ferrant *&c.*

f) *Ou il* a étudié l'Oeconomie, *soit en* ville, *ou à la* campagne. *On le nomme* Jardinier, *s'il cultive un* jardin; Païsan, Laboureur *s'il* laboure *la* terre;

B 4   Bouvier,

Bouvier, *s'il gagne sa vie à élever* le betail; Pêcheur, *s'il se nourrit de la* pêche; Chasseur, *s'il s'amuse à prendre du* Gibier *dans les forets:* Vigneron, *s'il aime la* culture des Vignobles; Roulier, *s'il vit du* charroi, *& des* Voitures *&c.* *

3. *Par rapport à la société,* l'Etat de l'homme est aussi fort dissemblable: Il y a une Société

    a) entre homme & femme, *c'est alors ou un* homme non marié, *soit un* jeune garçon, *ou un* veuf, *qui se* marie *à une* jeune fille ou à une veuve. L'homme *donc après* les nôces *&* la consommation *est appellé* Mari, *& la* femme est nommée Epouse; *avant les* fiançailles, *c'étoit un* Amant, *après les* fiançailles, *c'est*

---

* Comme on a résolu de représenter particuliérement & distinctement les divers Etats de l'homme, on n'a rapporté ici cet Article qu'en abrégé & d'une manière générale.

c'eſt un fiancé, *mais après le*
mariage, c'eſt un Epoux, &
*elle l'*Epouſe. *Dans le* mariage,
on les nomme Maris & femmes:
Ont-ils encore tous deux leur
Père & Mère? *Le Père qui a*
marié ſa fille ſe nomme Beau-
Père, & *la Mere* ſe nomme
Belle-Mère, *mais celui qui a*
épouſé la fille eſt appellé gendre,
& *la fille qui l'a pris eſt* nommée
Bru, (Belle-fille). S'ils mettent des Enfans *au monde, voilà*
une nouvelle Société

b) Entre les Parens & les Enfans ;
car le Père & *la* Mère *par rap-*
port aux enfans ſont appellés parens : *par rapport* aux petits-fils
& arriére - petits - fils, *Ayeux ;*
comme Grand-Père, Grand-Mé-
re, biſayeul, biſayeule. *Comme*
les enfans *ſont ou des* fils *ou des*
filles, *de là viennent les* freres &
ſœurs. *Ils ſont auſſi en* partie
Germains, Germaines; *tel a*
ſon propre Père, *telle ſa* propre
Mère, *ſans oublier le* Beau-Père,
la Belle-Mère, *le* Gendre, &

la Bru.   *Sont ils* nés de mêmes Parens ; *ils se nomment* Confanguins , *ou* Parens du fang : *comme* l'oncle paternel , l'oncle maternel , *les* Tantes , *les* Coufins germains , *les* Coufines germaines.   *Si par* le mariage & les enfans la famille s'aggrandit ; *il faut des* Domeftiques , *ce qui fait encore* une nouvelle Société.

c) entre les Maitres & les Domeftiques : *car il y a le* Maitre *& la* Dame du logis ;   *mais il y a auffi le* Serviteur, *le* Valet, *la* Servante , *le* Mercenaire, *le* Domeftique , *& la* famille *qui en eft* compofée.   *Enfin il y a encore une* grande Société

d) entre les Supérieurs & les fujets , *que l'on nomme* civile. *Un feul peut être*

a) *le* Régent *& regardé*

(1) *Comme la* fuprême , *la* haute juftice , *& dépend*

en partie de la premiere Noblesse, *savoir lorsqu'il est un* Empereur, *un* Roy, *un* Electeur, *un* Prince, *un* grand-Duc, *un* Archi-Duc, *un* Duc, *un* Comte d'Empire, &c.

en partie de la petite Noblesse, *pouvant étre un* Comte, *un* Baron, *un* Chevalier, *un* Gentil-homme, *un* Patricien.

(2) *Dans la* Magistrature, *on comprend un* Conseiller-d'Etat-privé-des finances, *de* Cour, *de* Guerre, *de la* Chambre, *de* Justice : *de même un* Baillif, *un* Président, *un* Juge, *un* Prevôt de ville, Bourguemestre, Senateur, &c. *De plus l'homme peut étre considéré,* comme

β) *un sujet à divers égards :* car

(1) *Par* rapport à la soumission, *c'est un* sujet immédiat, *qui depend du* Régent.

ou un sujet subalterne, *qui est sous la* domination de la Magistrature *établie par le* Régent.

B 6   (2) *Par*

(2) *Par* rapport à la liberté, *c'eſt ou un* Etat libre; *un* homme libre, *ou proprement un* ſujet, *un* Eſclave.

(3) *Par* rapport à ſa naiſſance, & ſa dignité, *c'eſt un* Noble, *un* Bourgeois, *un* ſujet.

(4) *Par* rapport à ſa charge, & à ſon office, *il vit*

Dans l'Etat Eccleſiaſtique *ainſi dit, & peut être un* Pape, *un* Cardinal, *un* Archévêque, *un* Evêque, *un* Abbé, *un* Moine &c.

De même, un Prévot, Surintendant, Miniſtre de la Cour, Paſteur, Chapelain, *ou* Docteur, Profeſſeur, Recteur, Soûrecteur, Chantre, Maitre d'école; *ou il depend*

De l'Etat civil *ainſi dit; il eſt alors* Juge ordinaire, Directeur, Officier, & *proprement ſu*jet *du Maitre de la patrie.*

Nous ne ſçaurions oublier de conſiderer l'Etat de l'homme.

4) Par

4) *Par* rapport à l'union, & *à la* communion avéc Dieu. *Il faut remarquer ici avant toutes chofes.*

1) Le premier Etat de l'homme, favoir l'Etat d'innocence, *dans lequel Dieu l'a créé: car*

a) les premieres perfonnes, Adam & Eve, *pouvoient* fe réjouir de la poffeffion de l'image Divine, *qui confiftoit dans la* conformité & *la* reffemblance avec Dieu: *Dieu avoit doué l'homme d'une* Ame raifonnable, & *c'eft d'ailleurs un* Efprit immortel. *Il fe rencontroit dans cet* Etat bienheureux, Lumiere & Sageffe dans l'Eprit, fainteté & équité *dans la volonté;* repos & contentement d'efprit. *Là étoit* l'ordre le plus parfait, l'excellence & l'immortalité du corps. *Là étoit* le pouvoir abfolu fur les bêtes & fur les autres créatures: *Là fe trouvoit la* demeure *la plus agréable dans le lieu le plus délicieux, fçavoir dans le*

 Para-

Paradis : *une conscience bonne & tranquille, l'expérience des bontés de Dieu. Là se voyoient les effets de la puissance & de la sainteté de Dieu qui y résidoit ; là l'homme tenoit une conduite sainte* devant un Dieu *présent par tout ; là étoit* une conversation la plus agréable avec les saints Anges *&c. Mais helas ! l'homme ne demeura pas dans cet Etat bien-heureux.* Suit l'état de l'homme, *qu'on nomme*

2) L'Etat du péché.   *Car arriva*

a) La chûte des premiers parens, *qu'occasionna, non pas* Dieu, *mais* Satan, *&* l'abus du franc arbitre, *dont Dieu avoit* pourvu l'homme. Dieu, *aprés avoir* créé de rien *en six jours* le Ciel, la Terre, & tout ce qu'elle contient *par sa toute-puissance, & son bon plaisir, vit tout ce qu'il avoit fait, & voilà* tout étoit bien : *mais un* mauvais Ange, *qui d'abord avoit*

avoit auſſi été créé bon , aban-
donna avec d'autres ſon Dieu,
& ne perſévéra pas dans la vérité , *comme les* bons , *les* ſaints
Anges y perſévérent *encore.*
Ce mauvais Ange eſt *un* dé-
mon, *un* Adverſaire , *un* ten-
tateur , *un* ſéducteur des premiers hommes , *un* menteur,
& un meurtrier dès le commencement. *Car il* tenta *&*
ſéduiſit *les* premieres perſonnes, Adam *&* Eve, *qui,* malgré
la defenſe *&* la menace de
Dieu , mangérent de l'arbre
de ſcience de bien & de mal,
& abandonnérent Dieu. *De
là réſulte* l'importance de cette
chûte : *car c'eſt une* révolte
contre Dieu, *une* Apoſtaſie ,
un déſir ardent d'uſurper la divinité , *une* offenſe de la Ma-
jeſte ſuprème , *une* violation
de l'alliance avec Dieu , *une*
abolition des loix gravées dans
le cœur.

Les ſuites *de cette chûte furent très
funeſtes : ſavoir la* privation
de

de l'image de Dieu, *la* plus grande & totale perdition du corps, de l'ame & de tout le genre humain, la peine dont Dieu menace, la mort &c. *De là vient l'état ordinaire &*

b) *La* perdition, *que l'on nomme* proprement l'Etat de péché, *parce que tant que l'homme demeure dans cet état, il s'éloigne* de son Dieu, du cœur, des penſées, des paroles, & des Actions : *Car chaque* éloignement, ou violation des loix divines, eſt un péché. *Mais on a coûtume de* diviſer les péchés

a) en peché originel, *qui conſiſte* dans l'éloignement du bien, & dans l'inclination au mal, & *qui nous eſt ſi* propre, *qu'il eſt* devenu naturel, & *s'eſt* multiplié dans tout le genre humain, durant autant que la vie, quoiqu'il ne ſoit pas dominant dans les régénérés. *Il a pluſieurs* noms ; *comme :*

Le

Le péché originel , *la* chair,
le vieil homme, *la* convoitife,
la corruption naturelle , *les*
péchés cachés *&c.* Lorsqu'il
fe manifefte & paroît effective-
ment, de là

β) proviennent les vrais péchés , *qui*
font en partie intérieurement
dans l'efprit, *dans la* volonté,
dans l'imagination , *dans* l'appétit fenfifif, *dans les* motive-
mens du cœur ; *en partie* extérieurement dans la conduite,
dans les paroles *&* dans les
actions : l'homme *peut com-*
mettre de vrais péchés *envers*
Dieu, *envers* lui-même , *en-*
vers les autres hommes, *&*
même envers les Créatures , vi-
vantes , *ou* mortes. *D'où*
naiffent toutes fortes de trans-
greffions , *de* violations de la
loi , *qu'on nomme :*
par rapport aux loix divines , *des*
péchés d'omiffion, *& de* com-
miffion ;
par rapport au pécheur même,
des péchés propres *&* étran-
gers ; par

par rapport à la manière, *dont
ils sont commis ; ce sont des*
péchés, volontaires, & de-
libérés, *comme la* méchanceté,
& l'audace ; *ou des* péchés
d'ignorance, *comme les péchés
de* précipitation, *ou de* foiblef-
fe, *qui sont opposés aux* péchés
de malice, d'endurciffement,
d'aveuglement, & fur tout
aux péchés contre le Saint
Efprit.

par rapport aux effets & aux fui-
tes, il y a des péchés rémiffi-
bles, & d'autres dignes de
mort. *Car les conséquences &*

c) les peines du péché, c'est la mort,
qui eft de trois fortes; *fçavoir la
mort* fpirituelle, *la mort* naturelle, & *la mort* éternelle, *de maniere que le pécheur devroit tempo-
rellement & éternellement être éloigné de la vie, qui vient de Dieu,
fi ce Dieu tout bon ne vouloit le*
prendre & le recevoir en grace,
& le mettre dans l'état, qui

3. *avec raifon peut être nommé* l'Etat
de grace. *Mais*

a) *fc-*

a) Jesus eſt l'auteur de la grace, *la source du ſalut, le reſtaurateur du bonheur perdu.* Ce *Jeſus eſt non ſeulement le* fils de Marie, (Sainte vierge) & *ainſi* vrai homme ; *mais encore* le fils unique de Dieu , *de même* eſſence avec le pere , *ayant les mêmes propriétés , le même* honneur & *la même* gloire. *Il eſt* notre Médiateur & notre Sauveur, *le* Chriſt : *c'eſt à dire*, Oint, *parce que ſelon ſa* nature humaine, *qu'il a* réünie avec la nature divine *en* ſa perſonne, *il a été* oint, initié, confirmé & préparé *pour* l'œuvre de la rédemption. *Sa* fonction de Médiateur *conſiſte en ce qu'il eſt un* ſouverain Sacrificateur , *qui par ſon* obéïſſance volontaire *a accompli la* loi, *qui par ſa* réſignation patiente a ſouffert la peine du péché, & *a* pleinement ſatisfait à la juſtice de Dieu. *C'eſt* un Prophete, *qui* nous a annoncé la volonté & le conſeil de Dieu pour notre ſalut, & *tous les* moyens *d'y parvenir.* C'eſt *un* Roy dans le Régne

gne de la Nature , dans le Régne de la grace , & dans le Régne de la gloire. *C'eſt le Maitre* , particulierement *de tous les
hommes* , *étant* le Créateur *de*
l'Univers *auſſi bien que ſon Père* ,
le Conſervateur de toutes les
Creatures , *le* Sauveur du genre
humain , le Roi inſtallé en
Sion , *&* *le* Juge des vivants &
des morts. *Mais* l'œuvre de la
rédemption *en Jeſus demande*

L'Etat double. *C'eſt*

L'Etat d'humiliation , *où ſont com-
priſes la* baſſeſſe *de ſa* conception
& de ſa naiſſance , *ſa pauvre*
éducation , *ſes* grandes ſouf-
frances , *ſa* mort ſur une croix,
& ſa ſepulture : *à quoi ſuccede :*

L'Etat d'élevation , *dont les* de-
grés *ſont*

La deſcente aux enfers , la réſurrection , l'aſcenſion , la ſéance à
la droite de Dieu , ſon retour
au jour du dernier jugement.

Par

Par la rédemption de Jesus, du Sauveur, *les choses sont venuës au point que*

b) *Les* bienfaits de la grace de Dieu *peuvent être* offerts & procurés au pécheur : *car*

1) *Dieu invite très inflamment & très fortement le pécheur au salut acquis par Christ, ce qui se nomme* la Parole

2) *Il donne au pécheur la* lumiere spirituelle *& le pouvoir* d'apprendre *d'une part à se connoitre* salutairement lui-même, *ses* fautes, *& le* danger de son état ; *& de l'autre, Jesus, le reconciliateur, son mérite &* les graces de Dieu en Christ : *ce qui est* l'Illumination :

3) *Il produit la* vraie foi dans le cœur froissé *& contrit du pécheur, comme le* commencement de la vie spirituelle : *ce qui est la régénération.*

4) *Il attribuë la justice de Jesus au pécheur* nouvellement croyant en lui, *& l'absout de toutes ses* fautes &

& de la peine du péché : *ce qui
eſt la* Juſtification :

5) *Il s'unit étroitement avec le pécheur, ce qui eſt* l'Union.

6) Dieu affoiblit le vieil homme, *&*
le vieil Eſprit, *& fortifie au contraire toujours de plus en plus le*
nouvel homme *& le* nouvel
Eſprit, *de maniere que l'homme
peut* ſurmonter le mal, *&* faire
au contraire *le bien, ce qui eſt le*
Renouvellement *& la* Sanctification. *Mais Dieu employe pour
cela*

c) Les opérations de la grace, *ſavoir,*
la Parole divine, tant la Loi que
l'Evangile , *& les* Sacremens,
qui ſont le Baptême , Sacrement
inſtitué pour l'adoption à la grace de Dieu , *& la* ſainte Céne
pour la confirmation dans la grace. *Mais l'homme doit*

d) *ſe conformer à* l'ordre de la grace *que*
Dieu a établi. *Car il faut*

Une vraie pénitence *& repentance*
(converſion) *dont le* principal
eſt

eſt la contrition du cœur, *le changement des paſſions, la foi en Jeſus, & les* fruits, *qu'on nomme* bonnes Oeuvres. *De là doit*

réſulter une nouvelle vie, *qui ſe manifeſte par la ſobrieté & par la* vigilance de l'Eſprit; *par la ſoumiſſion pour Dieu; par la con*duite envers Dieu; *par l'imita*tion de Chriſt *& par la* pratique des bonnes œuvres; *par la pa*tience à ſupporter toutes ſortes de peines & de maux; *par la* prière, *par la* contention, *par le* combat *& la* victoire *contre & ſur le mal. De telles perſonnes peuvent dans le monde*

e) participer â la grace. *Elles ſont en général nommées l'Egliſe; ici bas l'Egliſe* militante, *mais là haut dans le Ciel l'Egliſe* triomphante. Pour

Les membres de l'Egliſe, *qui ſont ou dans la* magiſtrature, *ou dans* l'Etat Eccléſiaſtique, *ou dans l'E*tat domeſtique, *s'ils perſévé-*
rent

rent dans la foi, ils ont à at-
tendre

4. l'Etat par excellence, *l'état tout parfait & faint, où ils feront trans-
portés & demeureront éternellement : mais*

ces quatre dernieres chofes *précédent,
la* mort, *la* réfurrection, *le* jour
du Jugement, *& la* fin du monde, *auxquelles*

fuccéde l'Eternité, *où*

les vrais croyans hériteront *la* vie éternelle *comme enfans de Dieu.*

Mais les incrédules obftinés *reffenti-
ront la* condamnation éternelle
dans l'abime, *dans* l'Enfer, *au-
près des* mauvais Anges.

*Enfin il faudroit confidérer auffi l'Etat de
l'homme*

5. par rapport à quelque autre circon-
ftance. *Par exemple*

L'homme, quant à la fanté, peut être *ou*
vigoureux, robufte, fain *& actif;*

ou

ou délicat, foible, caffé, énervé, tout abatu, malingre, allité, mal, miférable, &c.

quant aux biens, aux honneurs & au bonheur, *les hommes font ou* heureux, fort heureux ; *ou* malheureux, *très* miférables ; riches & opulens, *ou* pauvres & néceffiteux ; nobles, *du* premier rang ; *ou du* commun & *de* baffe condition, *ou d'un* état médiocre : honorés & eftimés, *ou* méprifés : *fameux,* (célébres) renommés ; *peu ou point* renommés, inconnus, *comme ceux qui* vivent dans l'obfcurité. *

Le

---

* Ce feroit ici le lieu de rapporter encore bien des chofes, fi le but avoit été de s'étendre, & de parcourir tout amplement. Mais il faut encore avertir, que ce n'eft qu'une ébauche qu'on donne ici, de la maniére d'apprendre dans un ordre agréable aux enfans dans les Ecoles les principales chofes que le Monde renferme. Si cet effay trouvoit de l'approbation, & qu'il fut reconnu utile pour l'ufage des Ecoles, chaque article pourroit avec le tems

C   être

*Le troisième point du Tout Uni-
versel, c'eſt*

III. *Le Monde*, & à la verité le
Monde des corps. Par là on entend le contenu & la combinai-
ſon des choſes corporelles, que
Dieu a créées, qu'il conſerve &
gouverne. On peut indiquer ici

A. *Quels ſont les corps qui ſont ſur
terre &*

1) traiter *en général des* corps, *de
maniere que*

    a) l'eſſence *des corps ſoit indiquée,
ſavoir la* matiére, *l'étendue,
la* force, *& ainſi l'on pourra*

    b) Dire un mot des qualités *des*
corps. *On a coutume de les diviſer*

α)

être expliqué plus amplement. Sur tout
on donneroit d'abord une Table diſtincte
de toute l'érudition, ou des ſciences qui
en font partie, & une expoſition plus
complette de tous les arts & de toutes les
profeſſions.

a) en qualités essentielles & universelles, *qui se trouvent dans tous les corps. On y comprend*

a) La figure, *qui est en partie* originaire *& essentielle; en partie* accidentelle. *Quant à la figure,* une chose *peut être* ronde, ovale, *ou d'une* rondeur allongée, angulaire, triangulaire, quarrée; *elle peut avoir* plusieurs coins, *elle peut être aussi* regulière, irregulière *&c. La figure peut être* grande, petite, moyenne *&* large, *ou* étroite; épaisse, *ou* mince; haute *ou* basse *&c. La figure peut aussi être changée. Elle peut être plus* grande, *plus* petite, *elle peut aussi être changée en une autre figure. De là vient que*

b) La grandeur *est la seconde qualité des corps. On remarque dans la* grandeur *la* partie, *le* tout, *la* moitié, *le* quart, *le* tiers, *une* piéce, *un* morceau *&c. Elle est distinguée dans toutes les autres choses, comme dans les corps*

(1) par le nombre. *Mais les* noms de nombres *différent: il y a*

C 2   Des

Des noms de nombre, *répondant à
la question:* combien? un, deux,
trois, quatre, cinq, six, sept, huit,
neuf, dix, vingt, trente, quarante,
cent, mille, Tonnes d'or, Millions.

Des noms de nombre, *où l'on repond
à la question: le* quantième? *le* premier, *le* second, *le* troisième, *le*
quatrième &c.

Des noms de nombre, *où l'on répond
à la question:* combien chaque fois?
un à un, deux à deux, trois à trois,
cent à cent, mille à mille.

Des noms de nombre, *quand on répond à la question: de* combien de
façons? simple *ou* d'une façon, *de*
deux façons, *de* trois sortes, *de*
mille sortes, *de* plusieurs sortes.

Des noms de nombre; *où l'on répond à la question:* combien plus
qu'un autre? une fois, deux, trois,
dix, cent fois plus *que* &c.

Des noms de nombre, *où l'on répond
à la question,* combien de fois? une-
deux - trois - quatre - cinq - cinquan-
te - cent - deux cent, mille fois &c.

(2) par la mesure *on détermine aussi la grandeur des choses.* On a coutume

de mesurer l'espace, *les* lignes, *les* plaines, *les* corps, *par des* lignes *d'une certaine longueur, dont dix* font *un* pouce, *dix pouces un* pied géométrique, *douze pouces* font *un* pied d'artisan ; *de même que dix* pieds font une toise géométrique *& douze* pieds *une* toise d'Artisan ou du Rhein. *On mesure aussi par la* largeur de la main, l'empan, l'aune, le pas, la brasse, les stades, lieuës. *On arpente la campagne par* verge, *par* arpent, *par* trente *arpens de* terre.

Les choses seches, *par exemple, on mesure d'une autre mesure du* blé *& autres choses semblables par* boisseaux, (monture,) quart, muid, *par douze* boisseaux, malter, *par* vingt - quatre boisseaux.

Les choses fluides, *comme la* biere, *le* vin, l'huile *&c. par* chopine, pinte, pot, setier, sou, *ou* quart, feuillette, chartée de vin, muid.

(3) par le poids & *la* balance *pour les* choses pesantes.

La balance est une balance ordinaire *ou* un trébuchet. *Il se trouve ici le* fleau *de la* balance, *la* brayette, *ou* ciseaux, *le* balancier, *les* plats, *ou* bassins, *l'ai*guille.

Le poids *est un* scrupule, (vingt-quatrième partie de l'once) *dont deux font une* drachme, *de laquelle quatre font un* lot, *deux lots font* une once; *seize ou* 32. *lots font une* livre, *cent & cent dix font un* quintal.

c) Le lieu, *où se trouve le corps, feroit la troisième qualité:*

Il y a en general à remarquer dans un lieu, *l'espace, l'étenduë, les* bornes, *le* commencement, *le* milieu, *& la* fin. *De là vient que le* lieu *peut étre* grand *ou* petit, *spacieux, ou* étroit, *proche ou* éloigné. *Le lieu est souvent* vuide, *ou* plein; exposé au soleil, *ou à* l'ombre; habité *ou* inhabité; cultivé *ou* desert.

On

On dit d'un corps, *ou* d'une chofe, *felon le lieu ou felon la pofition, qu'il eft* commode ou incommode, devant, derriere, à droite, à gauche, en haut, en bas, par-devant, par-derriére. *Le corps ne fubfifte & ne dure qu'un tems.* De là

d) *On* détermine la durée des corps *par le tems. Mais le tems eft tantôt* paffé, *tantôt* préfent, *tantôt à* venir : *c'eft pourquoi l'on dit que la chofe eft* nouvelle, ancienne, *de* vieille date.

Les parties *indéterminées des chofes font :* un moment, *un* inftant, *un* periode, *un* efpace, *un* long tems.

Mais les parties *déterminées font :* une minute, *dont foixante font une heure,* quarante-cinq *font trois* quarts d'heure, *trente font* une demie heure, *quinze font* un quart d'heure.

'Vingt-quatre heures *font la durée d'une* journée, *dont les parties* font le matin, *l'aprés*-midi, *le* foir, *l'entre* chien *&* loup *(le* crépuscule) *la* nuit, *l'aurore,* *l'aube* (la pointe du jour.)

Sept jours *font une* femaine. *Le Di-* manche *eft un* jour *de* fête, *ou de* repos; *les autres font: Les* jours ouvriers, *favoir, le Lun-* di, *le* Mardi, *le* Mecredi, *le* Jeudi, *le* Vendredi, *le* Samedi.

Quatre femaines font un mois; trois mois un quartier; *dont douze mois font* un an. *Les douze mois font,* Janvier, Fevrier, Mars, Avril, May, Juin, Juillet, Août, Septembre, Octobre, Novembre, Decembre. *D'ailleurs dans une année fe trouvent les* quatre fai- fons, *favoir:* le printems, l'été, l'automne, & l'hyver. *On ob- ferve auffi quand on a le plus* long jour, *& la plus* courte nuit, *ou le plus* court jour *& la plus* longue nuit: *De même il y a au* printems *& en* automne un jour, *où* le jour & la nuit font égaux. *Pour le refte voyez* l'Al- manac. Cent ans *font un* fiecle.

C'eft

C'est assez parler du tems, selon lequel on a coutume de mesurer la durée des corps. Il faut

e) Considérer en abrégé *la mutabilité des corps, comme la cinquième de leurs qualités. Nous observons dans les corps* un bon, un mauvais changement : une augmentation, une diminution, un mélange, une séparation, une lésion, une destruction, une réparation, une redintegration, une corruption, une décadence. *Et qui pourroit tout rapporter ici? A chaque changement on trouve aussi un mouvement. C'est pourquoi*

f) *Il faut prendre & considérer* le mouvement, comme *la sixiéme proprieté essentielle & commune au corps :* surtout

La cause du mouvement, *qui est en* général la force, *qu'on peut nommer* une destination du mouvement : La force *se dit, tantôt* une force vive, *quand elle produit en effet un mouvement,* tantôt une force morte, *quand elle ne peut*

 pro-

produire qu'un seul effort sans mouvement. Il y a une force *par laquelle* les corps s'éloignent d'un centre : une force, *par laquelle* ils y tendent : le mouvement *s'imprime dans les corps, par* le choc, *par* la pésanteur, *par* l'impulsion &c. Cela se fait quand l'équilibre *lui est ôté*, ou que le point de gravité *n'a point d'appui. De là naît* un effet *mais qui trouve toûjours de la* résistance. Le mouvement *est souvent* rapide & prompt, *souvent* lent & interrompu; *c'est aussi selon la force,* un mouvement simple, *ou* composé, *ou selon la direction,* un mouvement droit, courbe, &c.

Nous ne nous étendrons pas sur les instrumens & les machines, *par lesquelles on imprime le mouvement; nous ne parlerons que des cinq* guindeaux; *c'est* le levier, la rouë *dans son essieu,* l'aire courbe *p. e.* la vis, le pivot *ou* la poulie, & le coin. *De tous ces* instrumens *viennent les* machines composées : *comme* ***toutes sortes de*** Moulins, d'Hor-

d'Horloges , *& tous les ouvra-*
ges hydrauliques , *&c.*

g) *Nous ne dirons rien de plus* de
la péſanteur , *conſiderée comme la*
ſeptieme qualité des corps : mais

β) *nous indiquerons ſeulement* quelques
propriétés , *qui ne ſont* pas ſi
communes , *ni ſi* eſſentielles : *par*
ex. la fluidité, la tenacité , la diaphaneité , la dureté , la ſolidité ,
la poroſité , l'odeur , le gout *tout*
particulier de certains corps , &c.
qui ne ſe trouvent que dans quelques-
uns : car

1) *nous examinerons* la nature *&* la
diverſité *des corps. On peut diviſer*
le corps

α) *Quant* au lieu , en corps céléſtes,
aëriens , *&* terreſtres.

β) *Quant* à la grandeur *&* au contenu , *en corps* univerſels *dans le*
monde , & en leurs principales
parties : *comme* le ſoleil, la lune,
la terre , les étoiles *qui ſont* des
corps univerſels de monde : *ſur*
C 6

notre

notre terre l'eau, l'arbre, *un ani-*
mal, *eſt un corps particulier.*

γ) *Quant* à la matière : *il y a des corps,*
gros & minces, *& ſelon qu'il y a*
plus ou moins de matière dans un
eſpace de même grandeur, par ex.
l'or, le marbre, le bois de chêne ſont
fermes : le fer, le bois de pin, la pier-
re de ſable ne ſont pas ſi fermes.
De ceux-ci ſont encore les corps ſpon-
gieux : comme l'éponge, le jonc :
de même ſelon que la matière laiſſe
paroitre la lumiere , la reflèchit ,
ou l'arrête , *il y a auſſi*

Des corps transparens , & *des* corps
opaques, *des* corps illuminés &
des corps ténébreux , *p. e.* l'eau,
l'air, le verre *ſont des* corps transparens ; le bois, la pierre, le fer
ſont des corps opaques.   *On les*
diviſe auſſi

En corps groſſiers *ou corps* fins ; *ſelon*
que les parties en ſont groſſières *ou*
fines :

En durs & moins durs *que des plu-*
mes , *entant qu'ils ont la force de*
réſiſter à la compreſſion.

δ)

δ) *Quant* à leurs parties contigues, *les corps font* fluides *&* confi-
ftans, fermes *&* folides.

ε) *Quant* à leur *féparation & folu-
tion, il y en a de* fragiles, *comme* le verre, la porcelaine, *&*
les vaiffeaux de terre.

Quelques - uns peuvent être mis en
poudre : *comme* le fucre, la terre, la pierre.

D'autres peuvent être fendus, *comme* le bois, la baleine : *& d'autres encore peuvent* être fondus,
comme les metaux *dans* le feu,
le fel *&* le fucre dans l'eau
&c.

Après avoir parlé des corps en général ; *il faut*

2. particulierement *faire connoitre ce qu'il
y a de principal au fujet* des parties
fimples, *qu'on nomme communément*
Elémens. *Tels font*

(1) le feu, *dont*

a) *On reconnoitra en quelque façon*
l'effence *&* la nature, *fi nous*

b) *confiderons* la vertu & l'effet du feu : *car le feu* éclaire, échauffe, brûle, pénétre *les corps, il rend les uns ardens, en* allume *d'autres, il les* brûle, *les* confume, *les* fond *&* les rend fluides.

Le feu étend *quelques corps, il* en amollit *d'autres,* les diffout; en deffeche *d'autres,* les durcit, *tellement qu'ils* deviennent *tels que* le verre. *Mais il faut auffi bien*

c) *confidérer* les diverfes fortes de feu. *Quelques-uns divifent le feu*

en feu folaire, *les rayons du foleil produifant fur la terre* la lumiere *&* la chaleur.

En feu naturel, *qui fe trouve dans* les hommes, *dans les animaux & dans les plantes.*

En feu de cuifine *ainfi nommé, parcequ'il prend fa fubftance du bois, qui fert à bouïllir, à cuire, & à rôtir &c.*

En feu de guerre & de juftice, *qui fe manifeftent par des* canons, *des* mortiers, *des* couleuvrines, *des* mines.

En

En feu de joïe, *ou feu d'artifice,*
qui se font par le mélange de tou-
tes sortes de feux, de fusées courantes, des raquettes, des gi-
randoles, des boulets rouges,
des globes de feu, des statuës
brulantes &c.

En feu Grégeois *qui s'est perdu.*

En feux souterrains, *desquels sont*
les montagnes vomissant du feu,
par exemple, le mont Vesuve,
le mont Etna, *le mont* Hecla
&c.

En feux aëriens, *desquels sont* les
ardens, les étoiles tombantes,
& plusieurs autres météores.

d) L'excitation, l'entretien, l'extin-
ction du feu peut *se faire de dif-*
ferentes manieres :

ɑ) Le feu *peut être occasionné,*

Quand on appose quelque chose
d'ardent à quelque chose de
combustible. *p. e. Une chandelle*
allumée contre du lin, du papier,
de la paille.

Quand

Quand on frotte ou frappe deux corps durs enfemble : *p. e. l'acier & la pierre.*

Quand on recüeille dans un point les rayons du foleil, & qu'on les fait refléchir fur quelque chofe de combuftible.

Quand on mêle des corps fluides, & même des corps durs de diverfes fortes : *p. e. de la limaille de fer & du fouffre :*

β) *On* entretient *le feu,*

Quand on y joint des matières combuftibles , *qui en font* l'aliment *&c.*

Quand on procure au feu le libre accès de l'air *&c.*

Quand on conduit convenablement la fumée *&c.*

γ) *On* étouffe & éteint *le feu,*

Quand on le prive de fes alimens,

Quand on en détourne l'air.

Quand on le couvre d'eau & de terre, *ou autrement quand on*
l'éteint

l'éteint *à force d'y feringuer de l'eau , p. e.* dans les incendies. *Il ne fera pas inutile ici*

e) de parler de differens mots, *qui font en ufage dans ce qui concerne* les attirails pour le feu.

On a fait mention des incendies; *ils proviennent fouvent* d'une étincelle, & *même d'une* très petite étincelle, *quand elle tombe dans de la paille, ou du lin, ou dans des matières combuftibles :* car fi elle prend feu, ces matiéres fument d'abord , *puis elles* commencent *à* brûler, *elles s'embrafent,* & *fe* convertiffent en flammes; *mais le bois qui eft* humide *ou tout* mouillé, *ne fait que* fumer, exhaler, petiller, & éparpiller des étincelles. Le bois brûlé *fe change en* charbon & *en* cendres. *Tant que le bois brûle, c'eft* un tifon ardent : *l'éteint-on, c'eft* un charbon : *mais une partie en fera* un charbon mort; brule-t-elle *encore, ce fera* une braife, *qui donne fouvent* une flamme, ou
une

une fumée, *celle-ci s'attâche* au tuyau du fourneau, & *à* la cheminée; & *de là vient* la fuïe, *qu'il faut soigneusement faire* racler, *afin qu'elle ne* s'allume *pas.*

Il y auroit beaucoup à dire du feu,

De la chaleur & *du* froid; *de la gelée* & *du* chaud, *de la* lumiere & *de l'ombre, de la* couleur & *des* chofes colorées: *mais nous n'indiquerons que peu de chofes de chacun de ces articles:*

En hiver *eft la* froidure; il fait *non feulement* froid, & un fi grand froid que tout gêle; *mais il fait quelquefois* un froid exceffif, *qui* morfond tous les membres.

En été *au contraire* eft le chaud, la chaleur, la chaleur étouffante, la chaleur brûlante du foleil.

La lumiére *jette* fes rayons, & *a une* lueur, *elle* éclaire & illumine *d'autres corps. On l'exprime differemment, p. e.* une chandelle allumée, un flambeau éclairant, le Soleil luit, la Lune refplendit, les étoiles brillent, le feu embrafe,

embrase, le feu brule clair, s'en-
flamme, le feu rougit, le feu
reluit *&c.*

L'ombre *est* une privation de la lumiere, *qui peut produire de* l'obscu-
rité, *des* ténébres, *& même* une
nuit fort obscure, *selon qu'on la
prive plus ou moins de la lumiere.*

On peut au sujet des couleurs *remarquer*
ce qui *suit :*

Quelques - uns disent que les couleurs
viennent du mélange de la lumiere *&* de l'ombre. *D'autres
soutiennent, que* la couleur *est*
l'effet de la réfraction des rayons

De là ils divisent les couleurs *en celles*
qui viennent des rayons d'une
seule espèce, *& celles* qui viennent des rayons de diverses
espèces :

Des premieres espèces ils comptent sept sortes de couleurs : *savoir* la couleur rouge, orange, jaune, verte,
bleue, bleue foncée, & violette.
Les

Les suivantes sont de la seconde espéce: il y en a de rougeâtres, de rouges foncées &c. *il y en a* de jaunes d'or, de soufre, de eire, de claires; *il y en a* de brunes, de grises &c. De blanches & de noires. *Il y a* des choses blanches *comme* la neige & le lait, *ou* des cheveux blancs, *d'autres* foncées, noires *comme* le charbon, le goudron &c. *Cela suffit. Suit*

(2) L'eau, *comme le second* Elément. *Dont*

Les proprietés *sont* la pésanteur, l'humidité, la fluidité, la diaphaneité, l'insipidité, & le défaut d'odeur. *De là vient que* l'eau s'attáche *si facilement* aux corps, les mouille, & les gêle, & se convertit en glace. *L'eau* s'évapore, bouillonne, & bout à gros bouillons. *Il y a*

Plusieurs sortes d'eaux, *comme* l'eau de pluie, de pompe, de fleuve & de mer, *qui sont sujettes à plusieurs changemens: car l'eau peut*

peut être froide, chaude, tiéde, *de même que* trouble, fale, bourbeufe : *elle peut être* fans gout ni odeur ; *mais elle peut auffi être* douce, falée, amére, aigre : *de là viennent* les fources falines, les eaux minerales, les bains chauds ; les fources falutaires *& les autres* eaux merveilleufes.

La plus petite partie de l'eau eft une goute, *que ce foit* une goute d'eau de pluie *qui forme* une bulle *ou* une écume, *ou* une goute gelée, *dont plufieurs forment* un glaçon. *On parlera plus bas* des pompes, des fources, des fleuves, des étangs, des mers. *Nous voulons*

(3) *Contempler* l'air,

Il environne *notre* terre, *& de là vient* l'atmofphere, *dans laquelle il y a en haut* l'air fubtil, *& en bas* l'air le plus denfe.

Quelques propriétés de l'air *font* : la péfanteur, l'élafticité, la compreffion, *& la* rarefaction, la fluidi-

fluidité. *L'air devient* sec, humide, froid, chaud, trouble, clair, doux, agité, *d'où proviennent* les vents; *dont on parlera plus bas.*

On peut, par toutes fortes de Machines *& Inftrumens utiles*, obferver *& mefurer les divers changemens de l'air, par ex. Les uns fervent à en marquer* la froidure *&* la chaleur, *d'autres* la péfanteur, l'élafticité, *d'autres encore* le mouvement. *Mais* la machine principale *c'eft* la pompe pneumatique *avec* fa cloche *& fes autres* piéces.

La force *&* l'utilité de l'air *fe font voir en plufieurs chofes : comme* dans la confervation de la vie de l'homme & de l'animal : *dans* l'excitation *& dans* l'entretien du feu : *dans* l'accroiffement des plantes. *Mais fes effets fe manifeftent auffi dans* la deftruction, *dans* la putrefaction, *dans* la rouille, *& dans* d'autres altérations de certains corps.

Enfin

Enfin

(4) *Il faut considérer* la terre *comme* un Elément,

> *Quant à ses propriétés ; car elle est en elle même un corps, qui est* fort *simple, de* parties *semblables,* ferme, solide, sec, pésant, *& c'est d'elle que presque tous les autres corps tirent leur* solidité, *leur* fermeté, *leur* opacité, *leur* pésanteur, *& leur* secheresse.

> *Cet* Elément *est en lui-même* opaque, *& rend aussi les autres corps tels, en* desséche *quelques - uns,* attire l'eau, s'enfonce dans l'eau. La terre *devient souvent* humide ; *souvent* elle est séche, *& sans* force.

> *Les* Terres, *qui sont composées de plusieurs parties, & qu'il ne faut* considérer *que comme* un Elément, *sont diverses. Il y a* la poussiére, la craie, la glaise, la marne ; *quelques - uns y joignent* le sable, le tripoli, le sable mouvant.

Il y a

Il y a aussi la terre des jardins, de fange, de marais, de racine, ou tourbe.

On entend souvent par terre, le terroir, *qui est en partie* labouré *& net, en partie* dur *& pierreux; de là vient qu'elle est en quelques endroits* maigre, grasse, noire, pésante, ferme, *& fort* fertile; *mais ailleurs* legere, grise, *& stérile.*

Des élémens mentionnés ci-dessus viennent les autres corps, que nous allons parcourir dans une division quadruple, & nous

(I.) Commencerons par le régne animal. *On y trouve*

A. En général.

1) la description de l'animal; *on nomme* animal *ce qui a* vie, fentiment, fenfation, *&* un mouvement libre.

2) *Les animaux reçoivent* la vie en naiffant, *la conservent par la* nourriture, *tant folide que liquide; ils s'augmentent par la* propa-

propagation de leur race , & *felon leur* efpèce *ils font ou* mâles *ou* femelles.

3) *Leurs* fens *fe manifeftent par* l'ouïe, la vuë, l'attouchement, le goût, l'odorat, & *ils s'en fervent* en défirant & recherchant *ce qui leur eft* agréable , & *felon leur* appétit ; *comme auffi* en fuyant *ce qui leur eft* contraire & nuifible ; *de ce qu'ils* crient, & hurlent, *fe* rejouiffent & craignent, *qu'ils* diftinguent *les* connus & les inconnus, *plufieurs leur ont attribué* une reffemblance avec l'fprit humain. *Et felon l'opinion d'un grand nombre,* quelques animaux furpaffent l'homme par les fens ; *par exemple,* le fanglier *furpaffe* l'homme par l'ouïe, le Linx (*le Loup-cervier,*) par la vuë, l'araignée par l'attouchement, le chien par l'odorat, le finge par le goût.

4) *Le* mouvement des animaux *eft divers : ils* s'affeyent, fe couchent, fe tiennent debout,

D

mar-

marchent, courent, cheminent, rampent, fe trainent par terre, fe débattent, volent, fautent, nagent.

5) *La* conftitution du corps, *la* qualité *&* *la* diverfité de leurs membres & parties.

6) *La* couverture *ou* l'habillement des animaux *a été fi fagement réglée par le Créateur, qu'elle fert, à leur* confervation *&* defenfe, de protection *&* d'armes *&c. quelques animaux ont* le poil court, *comme* les chevaux, les bœufs, les chiens *&c. d'autres* *l'ont* long, *comme* les ours, les boucs, les blairaux *&c. d'autres ont* de la laine, *comme* les brebis; *il y en a qui portent* des foies *comme* les cochons, *quelques - uns ont* des plumes, *comme* les oifeaux, *d'autres* des écailles, *comme* les poiffons, *d'autres ont* une peau gliffante, *comme* le ferpent.

- *Quelques animaux ont* aux pieds des orteils, des griffes; *d'autres ont*
une

une corne aux pieds, *d'autres*
des ongles fendus.

Les animaux ont pour leur défenſe
des cornes, des dents, des
griffes, des ongles, un bec *&c.*

7) *La* nourriture *&* l'aliment des
animaux, *c'eſt* l'herbe, la verdure,
les racines, les feuilles, les fruits
de la campagne, des arbres &
des jardins, le bourbier, l'ordu-
re, le pain, la chair, les gre-
nouilles, les poiſſons, les oiſeaux,
les vers; *& d'autres ont* les inſectes.
*Toute fois ſans nous arrêter à tout
cela, nous examinerons*

B. Principalement les ſortes d'animaux,
dont les premiers ſont

1. Les quadrupédes, *dont quelques-
uns ſont*

a) Des animaux domeſtiques : *on
y peut comprendre ceux que nous
nourriſſons pour en avoir* le lait
& la chair ; *& que l'on peut
diviſer,*

 a)

α) En gros bétail, *ou* bêtes à cornes : *comme* les bœufs, les va-
ches, & leurs veaux.

β) En menu bétail, *par ex.* les
agneaux, les moutons, les
brebis, les beliers, les boucs,
les chévres, les porcs, les cochons de lait.

γ) En bétail, *que l'on nomme aussi*
les bêtes de charge; *qui font
principalement pour nous foula-
ger, favoir, outre les bêtes à cornes, il y a encore* les chevaux,
les ânes, les mulets, les cha-
meaux, & les éléphants.

♪) En animaux domeftiques : les
chiens, les chats. *Il y a différentes fortes de chiens : comme* les levriers, les limiers, les
chiens d'attache, les petits
chiens de giron, (chiens mi-
gnons) &c.

b) *Les* bêtes fauvages *peuvent encore être
divifées*

1) *En* groffes bêtes fauvages, *favoir*

α)

α) *En celles* qui ont des cornes: *desquelles font :* le rhinoceros, la licorne, le bufle (l'ure) le taureau fauvage, le taureau de mufc, le cerf, l'élan, la renne, le chevreuil, le dain, le capricorne, (bouquetin,) le chamois.

β) *En celles encore, qui ont* de fortes dents & des griffes : *comme* le lion, le léopard, le tigre, l'ours, le loup cervier, le loup, le renard, l'âne fauvage, le fanglier, la bête pareffeufe, le gouliafre.

2) *en* petits animaux fauvages : *comme* le liévre, le lapin, le finge, la marmotte, le blaireau, le heriffon, la zibeline, la martre, le furet, la belette, l'hermine, l'écureuil, le rat, la fouris, la mufaragne, la taupe &c.

3) *En* quadrupédes aquatiques, *desquels font :*

Le crocodille, le caftor, la loutre, la grenouille, le crapaut, la

D 3

tortuë,

tortuë, le lezard.   *De la seconde
forte d'animaux font*

2. Les oiſeaux *avec les autres* animaux
aílés *&* la volaille;

a) *Nous y obſerverons* en général *que
les animaux* ailés *ont* deux pieds,
font garnis de plumes *&* de
duvet (*excepté* la chauveſouris,
qui a du poil *&* des dents.) *Les
oiſeaux prennent de leur* bec les
graines, *& s'en* rempliſſent le
goître.   *Quand ils veulent* engen-
drer, *ils font* un nid, pondent
des œufs, *dans lesquels ſe trouve
fous* la coquille, le blanc, *puis*
le jaune d'œuf; *ils* ſe mettent
ſur les œufs (couvent les œufs)
& en font éclorre des petits.

b) *Il faut* ſurtout *parler des oiſeaux
avec un* certain ordre; *les premiers font:*

α) *Ceux* qui reſſemblent aux moi-
neaux.   *De cette claſſe font*

La colombe: *comme* le pigeon,
la tourterelle, le pigeon de
voliére, le pigeon ramier.

La

La grive, l'hirondelle, le gros bec, le moineau, la hochequeuë, le pivert.

Principalement les oiſeaux qui chantent, *comme* l'étourneau, le merle, l'alouette, le roſſignol, le verdon, le rougegorge, le roitelet, le charbonnier, la méſange hupée, la ladere, (méſange à longue queuë,) la pivoine, le pinçon, le chardonneret *ou* le loriot, le bréant, la linotte, le ſerin.

β) *Ceux* qui reſſemblent aux pies : *on y comprend*

La pie, le corbeau, le choucas, la corneille amygdalle, griſe, noire, le caſſe-noiſette, le coucou, le pinoir, le pivert, la pie grieche, la pie bleuë, la pie brune, la huppe, le grimpereau, l'alcion, le merle aquatique.

γ) *Ceux* qui reſſemblent aux Autours :

Le Faucon, l'aigle, l'aigle pierrier, l'aigle vorace, l'épervier, le vautour brun, le milan, le vautour rouge, blanc, à queuë, le chat-huant; le hibou, le grand chat-huant fans corne, la petite huette à corne, le frefaye, *enfin* le perroquet & le manucodiata, (l'oifeau du paradis.)

♪) *Ceux* qui ont le bec long & pointu, *par exemple,*

La gruë, la cigogne, le héron, la bécaffe de bois, de la glu, grife & blanche, le charadrin, le vaneau, l'oifeau de caffaille, (la caille,) le belliqueux, la poularde, la poule d'eau.

*) *Ceux* qui reffemblent aux poules :

L'Autruche, le Cafuar, l'outarde, le pan, le coq d'inde, la poule, le coq, le chapon, le poulet, le faifan, le coq de bruyere, la gelinotte, le francolin, la perdrix, la caille.

ζ) *Ceux* qui reffemblent aux oyes font :

Le

Le butor, le pelican, le cigne,
l'oye, le canard, le plongeon,
l'halebran, (canard fauvage,)
le rouge gorge, l'œil bleu, la
cercerelle, le coq marin, le
plongeon fans queuë, la grande, la petite mouette, la mouette marine, la mouette hirondelle. *La troifiéme forte d'a-*
nimaux font

3. Les poiffons. *On n'en rapportera ici*
en diverfes claffes que les principaux
comme

a) *Ceux* à queuës plattes: *ici appar-*
tient la vache marine, le Cato-
don ou la baleine, le Narval
ou l'éguille, la baleine, le dauphin &c.

b) *Ceux* qui ont des tendons & des
nageoires: *comme* la raye, *avec*
le pan marin, l'aigle marin, le
bœuf marin, l'ofcaye & le do-
gue marin, la truïe poiffon, le
chien poiffon, le chien marin,
l'éturgeon, le houffeau (efpéce
d'éturgeon) les lamproyes.

c) *Ceux* qui ont des os, des oreilles:
comme la fole, la grenouiiie marine,

rine, l'aigre-fin, le porc-épic (le heriffon,) le bouc marin, la petite merluche.

d) *Ceux* qui ont des nageoires pointuës comme le heriffon, (poiffon heriffé) le goujon, le barberau marin & *fes femblables*, le Mougrel, le merlan, le brochet, le merlus, la perche, le fpar (poiffon de mer.) Le gros mufeau, l'halant marin, le maquereau, l'emperador &c.

e) *Ceux* qui ont des nageoires fouples : *comme* l'anguille, l'anguille de terre (efpèce de ferpent,) le congre, la groffe lamproye, le ferpent marin, le merlus, la plie, la fole, la limande, (efpèce de poiffon,) la remore, (efpèce de lamproye) &c. *Surtout* le brochet, le faumon, la truite, la carpe, l'éperlan, la tanche, le barbeau, le goujon, la loche, le rouget, les harangs. *Suit*

4. Les vers & *ce qui en depend : il y en a*

(a

a) De reptiles : *comme* le taenia, *(long ver qui s'engendre dans le corps humain,) le* lumbricus, *(long ver qui s'engendre dans la terre)* le ver de terre, la fangfuë, la limace.

β) Les vers garnis d'écailles : *comme* l'efcargot, *qui a divers noms, par exemple :* le limaçon à coquille, le perfpectif, le cornet, la volute, la harpe, l'efcargot à vis, le heriffon, la pourpre, la pyramide, le triton, le tonnelier, la flûte, le cor de chaffe, l'efcargot de Venus, la porcelaine, l'oreille marine, la moule platte, la dent marine, la lampe marine.

Les coquilles *font de diverfes fortes : par exemple*, la coquille pointuë, la venus, le cœur, le clou, la piquante, le petoncle, la coëffe, l'huitre.

γ) Les vers femblables aux plantes : le Tethys, le heriffon de mer, l'étoile marine, la tête de medufe, (les cheveux changés en

 fer-

ferpents) *ou* la feche, le chat marin, le petit - monde marin.

♪) Ceux qui ont la forme de ferpens : la couleuvre (le ferpent) la vipére, le ferpent fans yeux, l'afpic, la couleuvre fiflante, la Natter (efpèce de vipére,) l'hydre (ferpent qui fe tient dans l'eau.)

5. *Les uns divifent les* infectes *de maniere qu'ils indiquent*

a) *Les* infectes dont les aîles ont un étui; *comme* la tigne, l'efcarbot, le perce-oreille, l'efcarbot de riviere, de fontaine, à corne, à trompe, *ou* la calendre, le cerf volant, le fouille-merde, le hanneton, l'efcarbot des vignes, à cafque, de marie, la fourmi, la puce d'eau & de terre, la cochenille, la fauterelle & le hanneton doré, le triquet (ver qui ronge le bois,) le ver luifant, la cantharide.

b) *Les* infectes dont les aîles font fans étui : le papillon, la Cyrenne, l'ephemere, (ver qui ne vit que
cinq

cinq heures,) le frêlon, la guépe,
le bourdon, l'abeille, le taon,
la mouche, *par ex.* la grosse
mouche, la petite, le gros mou-
cheron *&c.*

c) *Les* insectes dont les aîles sont
à demi garnies; *comme* le grillon domestique, le grillon ru-
stique, la sauterelle, la fourmi,
la punaise des lits, des arbres,
d'eau, le scorpion de terre &
d'eau.

d) *Les* insectes sans aîles *sont:* les
poux, *comme* le pou de l'hom-
me, le pou des chiens, des oi-
seaux, des poissons, ou le plus
petit artison, la puce, le ciron,
l'araignée, la tarantule, la clo-
porte, l'écrevisse, le cancre *ou*
l'écrevisse de mer.

6. Les animaux imaginaires *sont:* la
grenouille-poisson, (rana piscis,) le
pelican, la licorne, le satyre, le
Phénix, le dragon *&c.*

(II.) Le régne des mineraux *renferme
les* mines; *on y comprend dans un*
D 7   *sens*

fens étendu : des terres, des pierres, des demi-métaux, des métaux, des fels & des pierrieres, *ou* des chofes converties en pierres.

1) *On divife* la terre *en* poufliére, *en* argille & *en* fable.

   De la premiere qualité font la terre des jardins, la terre rougeâtre, de marais, & de racines *ou* la tourbe, la craye &c.

   De la feconde : la glaife, la terre graffe, l'argille, la porcelaine, la terre à pipes, la marne, le bol d'Armenie.

   De la troifiéme ; le fable, *comme* la poufliere, le gravier, le fable de riviere, de fontaine & le tripoli.

2) Les pierres *font auffi de diverfes qualités. Il y a*

   a) *Des* pierres à verre, *ou qui fe convertiffent* en verre par le feu, *comme*

      a) *La* pierre fablonneufe & *les autres femblables, par ex.* le
cai llou,

le caillou, la pierre des pen-
dules, la pierre à aiguifer, la
pierre de roche, la pierre
ponce.

β) *Ou celles qui ont en elles quelque
chofe* du verre : *comme* le cri-
ftal, le gravier ou fable, le
gravier de fleuve, la pierre à
corne, & la chalcedoine,
l'onix, la fardoine, le jafpe,
l'agathe, & la pierre à feu.

γ) Les asbeftes, (les pierres que
le feu ne confume point) &
les pierres précieufes, *favoir* le
diamant, la topaze, le chri-
folyte, le hyacinthe, la fpi-
nelle, le ballas, le rubis, la
grenade, l'ametifte, le faphir,
l'opale, le beril, l'émeraude
&c.

b) *Les* pierres argilleufes *font*

α) La pierre à favon, *ou* la craye
d'Efpagne, la terre rouge, la
pierre de lard, la pierre de pot,
la pierre ferpentine, la pierre
des reins.

b)

b) Le talc : *il y a* du talc d'or &
d'argent, du talc blanc & du
verd.

c) La mique : *on trouve de* la mique d'or & d'argent, *ou* l'or
au chat & l'argent au chat,
le fumant *ou* le metal au chat.

d) L'ardoiſe : *on a* l'ardoiſe pour
les toits, *la* pierre d'ardoiſe,
la craye noire, *la* pierre de
touche.

e) L'asbeſte *ou* l'amiante : *il y a
auſſi à remarquer ici* le lin in-
combuſtible, la poix des fuſées,
l'alun blanc.

c) *Les* pierres à plâtre *ſont :* le plâtre,
l'albâtre, *qui eſt* blanc, noir, bigarré, rayé, le ſpalt de plâtre,
comme le verre de marie, le cryſtal de plâtre &c.

d) *Les* pierres à chaux : *qui renferment* les pierres à chaux, le
marbre blanc, le noir, le bigarré, le rayé, le ſpalt de chaux,
le

le cryſtal *&c.* le tuf, la pierre goute, l'emeril.

e) *Les* principales pierres *qui provien-nent* des bêtes *ou* des hommes, *ſont :* la pierre des reins, du fiel, de la veſſie, le bezoard, la boule de daim, les pierres d'écreviſſes, les perles *&c.*

3) *Les* ſels, *il y en a de trois ſortes :*

α) L'acide; *comme* le ſel àcide pur, l'acidule, l'acide du ſoufre, du ſalpètre, *ou* l'eau forte, l'acide du ſel. Le vitriol du cuivre, du fer, de métaux mêlés, d'airain, l'alun : *il y a* l'alun pur, de terre, de pier-re, de tartre.

β) Les ſels acides *ſont dans le feu,* ou *conſtants ou fluides.*

γ) Les ſels moyens *ſont :* le ſel amer, le ſalpètre, *&* le ſel ordinaire, *comme* le ſel à cuire *&* le ſel de mer.

4) *Les* Reſines *ſont*

α) *En*

a) *En partie* fluides : *comme* l'huile de montagne, *qu'on nomme* baume, l'huile de pierre, le goudron.

b) *En partie* ſolides ; *comme* l'ambre, gris, jaune, rouge, bigarré, la poix, la cire de montagne, l'aſphalte *ou* le bitume, les charbons de terre &c. *toutes ſortes* de ſoufres, le ſoufre pur, le vif, le rouge &c.

ſ) *Les* demi-métaux *ſont de même*

a) *En partie* fluides ; *par exemple*, le mercure, *où il faut remarquer* les métaux mercuriels, *comme* le cinnabre pur, le cinnabre de métal,

b) *En partie* ſolides : *comme* l'antimoine *ou* le verre de miroir ; le zinc, la calamine, le bismuth, l'arſenic, la cadmie, l'orpiment, (l'arſenic jaune) &c.

6) *Les* métaux, *dont*

a) (

a) *Les* précieux ; *comme* l'or *&* l'argent : *ſoit* l'or pur *ou* airain contenant de l'or ; *de même* l'argent pur, *ou* airain contenant de l'argent *&c. par ex.* le métal d'or rouge, métal d'or blanc, métal renfermant de l'argent.

ß) *Les* ignobles : *comme* le fer, *c'eſt* le fer pur, *ou* un métal de fer : *comme* l'hematite, le noyau hematite, l'ocre, le ſable, le ſpalt de fer *&c. de même* l'aimant, la magneſie.

L'Acier.

Le plomb eſt pur, *& dans les métaux, comme* le blanc d'Eſpane, la molybdene (veine d'argent mêlée de plomb) la terre de plomb.

L'Etain eſt pur, *& dans les métaux, comme* l'étain quarré, commun, la pierre d'étain *&c.*

Le Cuivre: *il y a du* cuivre pur, le cuivre de ciment, cuivre mé-

métallique ; *par ex.* cuivre, blanc, rouge, noir, rougeâtre, jaune, verd de cuivre, bleu de cuivre *&c. enfin*

7) *les* corps pétrifiés,

   a) Dans le régne des animaux *on trouve* des animaux, des oiſeaux, des poiſſons pétrifiés, *c'eſt à dire*, des parties pétrifiées, des quadrupedes, des oiſeaux, des poiſſons, des inſectes, des écreviſſes, des hériſſons, *ou* des crapaux, des lys, la meduſe pétrifiée *&c.*

   Sans oublier les eſcarbots *&* coquilles : *il y a de* ſimples coquilles longues pétrifiées, des coquilles longues à pluſieurs contours pétrifiées, des eſcarbots ſimples, des éſcarbots à pluſieurs contours pétrifiés, des coquilles pétrifiées *&c.*

   b) Dans le régne des plantes *on trouve des* racines, du bois, des fruits, des plantes pétrifiées, *de même que* des corails, des éponges pétrifiées.

(III.)

(III.) Le Régne végétal *peut fuivre* le regne animal, *parce que la plus grande partie des hommes & des animaux y trouvent leur* nourriture.

1) En général *il faut remarquer,*

a) *La* verdure, les herbes, les plantes, les fleurs, le jardinage & les herbes potagéres, les fruits de la campagne & les légumes, les arbriſſeaux, les buiſſons & les arbres, les mouſ- ferons & les champignons.

b) *Connoitre les* parties *dont chaque choſe eſt compoſée. Comme par ex.*

Les feuilles : *elles ſont tantôt* tou- tes rondes, *tantôt* presque longues, *tantôt* ovales, ont la forme d'un cœur, d'un rognon, d'une lance; *elles ſont auſſi tantôt* dentelées ; & quelquefois unies; *elles ont* la furface *tantôt* velue & *tantôt* molle.

Aux fleurs *on trouve* la racine, la queuë, les feuilles, la coupe,
la cou-

ronne, les filamens, les piftil-
les, les languettes, la tête, la
tige.

A l'arbre *il y a* la racine, le tronc,
les branches, les rameaux, les
rejettons, les feuilles, les gra-
pins, les boutons, les fleurs,
les fruits, les femences. *Le* tronc
en général *a plufieurs noms : Des
gros* arbres *c'eft* le tronc, *des petits* arbres ou minces, *c'eft le*
pied. *Des plantes c'eft la* tige.
Des bleds c'eft le chalumeau.

Il y a auffi a obferver au tronc, *à la*
racine, *& aux* branches, *l'écorce* extérieure *&* intérieure, *l'é-
corce* blanche, le cœur, le bois
& les conduits de l'air *& de*
la féve *&c.*

Au fruit *il y a* la queuë, la peau,
(la pelure,) la chair, le noyau,
l'amande.

A la femence *il y a des* parties, la
coquille *&* la peau, le cerneau,
l'embrion, (le germe.) *Le ré-
feryoir des* femences eft fec,
comme

comme l'écorce, la boëte, la coquille, la chair.

2) Il faut en particulier *traiter des for*-
tes de plantes *felon leurs* qualités.
C'eft

a) La verdure, *il fuffit d'y obferver*
la moufle, le gramen de marais,
le trefle, l'ortie, le gletteron, la
violette, la renouée.

b) L'herbe : *C'eft le nom commun ; on*
y comprend la verdure, *les* herbes
potageres, *& les* fruits de campagne ; *dont on trouvera davan-*
ge plus bas.

c) *Les* fleurs, *qui font,* ou

α) doubles, *dont* les feuilles, les
filamens, les branches *font* vi-
fibles, *on* les divife *en*

1) fimples, *n'ayant à* chaque coupe
qu'une branche, *&*

a) *Les* regulières *font celles dont les*
feuilles *ou* dentelures des feuilles, *font* de même grandeur, figure *&* pofition. *Celles-ci n'ont*

(a)

(a) Qu'une feuille, *comme* l'oreille d'ours, l'alcée, l'althée, la primévére, l'oleandre, l'aloë, l'asphodele, le buis, la hyacinte, la narcisse, le jasmin, les lis de vallée.

(b) *Celles qui ont* deux feuilles, *comme* la circée, le corispermum.

(c) *Qui ont* trois feuilles, *comme* l'éphémére, (une fleur qui ne dure qu'un jour)

(d) *Qui ont* quatre feuilles, *comme* le coquelicot, la violette de nuit, la giroflée, le laurier, la ruë de pré.

(e) *Qui ont* cinq feuilles, *comme* la renoncule, l'amaranthe, l'oeillet, le myrthe, la rose, les fleurs d'oranges.

(f) *Qui ont* six feuilles, *comme* les lys, la tulipe, la couronne imperiale, la grenade, le martagon, (le turban.)

(g) *Qui ont* beaucoup de fuilles, *comme* la pivoine, l'anemone, les fleurs de figues indiennes.

b) Les

b) **Les** irrégulieres, *savoir celles dont* les feuilles *ou* l'entaillure des feuilles *ont diverse* groffeur, figure, & pofition, *lesquelles on divife auffi en*

(a) *Celles qui n'ont qu'une* feuille, *comme* le dictame de Crete, la lavande, la gouffe d'ail, le romarin, la fauge, l'anthirrhinum, le chevre - feuille, la farrafine, le doitier, le caftus agnus.

(b) *Qui ont* deux feuilles, *comme* le condampallu.

(c) *Qui ont* trois feuilles, *comme* la croix (une fleur,) la tamarinde, la commeline.

(d) *Qui ont* quatre feuilles, *comme* la barbe de Jupiter, le genèt, le melilot, la balfamine, les fleurs de pois.

(e) *Qui ont* cinq feuilles, *comme* l'angelique, le perce-feuille, le bec de gruë, la violette, le pied d'alouette, le dictame blanc, le napel.

E

(f)

(f) *Qui ont* six feuilles, *comme* le soulier de marie, l'helle-bore.

2) *Les* composées, *celles qui ont plusieurs tiges à* une seule coupe, *sont celles, qui*

a) *Proviennent ou de* fleurs regulieres,

α) D'une sorte, *comme* le safran, le tanacetum, le chardon à plusieurs têtes, le cypre de jardin, le flocon.

β) *De* diverses sortes, *comme* la carline.

b) *Ou de* fleurs régulières & irrégulières, *savoir*

1) *Celles dont les* fleurs régulières *sont au* milieu, & les irrégulières à l'entour, *comme* la marguerite, le souci, le tournesol, la scabieuse, la calende, l'herbe vulneraire, la doronique.

2) *Celles dont les* irrégulières *sont au* milieu, & les régulières à l'en-

à l'entour, *comme* la fleur de paſſion, l'aconit, la Xeran-theme.

6) *Celles qui ne ſont* compoſées *que de* fleurs irrégulières, *ſavoir*

1) D'une ſorte, *comme* l'heracium, la chicorée, le rhagadiolus.

2) *De diverſes* ſortes, *comme* l'a-fricaine.

γ) *Les* imparfaites, *qui manquent, ou de feuilles, ou de fleurs, ou de filamens, ou de tiges, ou du moins dans lesquelles ces parties ne ſont pas viſibles.* Elles ſont

(1) *En* forme de boudin, *comme* l'acorus, les fleurs de cha-taignier.

(2) *Celles qui ſont pourvuës* de fruits coniques, *comme* les fleurs de cedre, de cypre, de meleſe.

(3) *Celles qui ont* de longs filamens *ſur la ſurface au lieu* de fleurs *ou de* fruits, *comme* les lar-mes de Job, le blé de Turquie.

E 2   (4)

(4) *Celles qui font* compofées de fleurs liées enfemble, *comme* la queüe de renard, la grappe.

(5) *Celles qui font* affermies au deffous des feuilles des plantes, *comme* le capillaire, le polypode, la langue de cerf (le ceterac.)

(6) *Celles qui* différent des précédentes, *comme* la fleur de ricin, de genevre.

d) Les plantes, *en tant qu'elles fervent à* la medecine, *peuvent être divifées le plus commodément*

A. Selon le goût.

à) En celles qui ont un goût amer, *comme*

a) En général, l'abfynthe, la centaurée, le chardon-benit, l'ancian, le triolet, la camomille, la rubarbe, l'aloé, le quinquina. *Celles-ci*

1. tempérent l'acreté de l'eftomac.

2. pu-

2. purifient le fang,

3. empêchent les obftructions,

4. rendent l'appetit.

Elles fervent auffi contre le fcorbut, l'hydropifie, la jauniffe, le mal de rate, & les fièvres intermittentes.

b) *Celles qui ont* le goût amer & aromatique, *comme* la camomille romaine, le zédoaire, le cubebe, (poivre musqué) l'écorce du quinquina, & *de* la cafcarille, des citrons, & des oranges. *Celles-ci*

1. empêchent la mauvaife digeftion,

2. purifient le fang.

On peut s'en fervir contre la cachexie, & l'eftomac dérangé.

c) *Les* améres & piquantes, *comme* la fcabieufe, la tormentille, la patience, la pulmonaire, l'écorce de tamarinde, la veronique. *Celles*

3   1. chaf-

1. chaffent l'acreté du fang,
2. guériffent les playes.

On peut s'en fervir contre la phtyfie, *&* *toute* forte d'afthme, *furtout contre* la pleurefie, *&* la forte toux, *contre* la pierre; *& avec* précaution *contre* les accès de fièvre, *& pour* arrêter le cours de ventre *&* la diffenterie.

b) *En celles, qui ont un* goût fort, *& auffi*

a) Amer, *comme* l'aunée, la ruë, la racine de petafite, le zédoaire, la matricaire, la cyprée des champs, l'angelique. *Celles-ci*

1. accélérent la circulation du fang & la fueur,

2. repouffent le venin.

Et elles font d'ufage dans les maladies dangereufes (malignes) *&* *contre* la corruption du fang.

b) *Celles qui ont un* goût huileux *&* aromatique, *comme* la germandrée, le bathenge, le fcordium,
le

le millepertuis, le genevre, la racine de Valerienne. *Celles-ci*

1. donnent des forces.

2. diſſolvent les impuretés & en provoquent la ſéparation & diſcretion.

3. guériſſent les playes.

Elles ſont bonnes contre les maux de reins, la pierre, le rhume, *&* les playes extérieures.

b) Celles qui ont une odeur forte *&* ſubtile, *comme* l'alcorus, la beccabunge, le cochlearia, le creſ-ſon de fontaine, la moutarde, le pied de veau. *Celles-ci*

1. purifient le ſang,

2. empêchent le dérangement de la dejection.

On s'en ſert contre la cachexie, les enflures, le ſcorbut froid *ainſi nommé*, *&* le mal d'eſtomac.

c) Celles qui ont un goût aigre, *comme* l'oſeille, l'alleluja, la quinte-feuille;

la biſtorte, & le plantin; les fraiſes, les groſeilles & les citrons. *Celles-ci*

1. abbattent la chaleur dans la fièvre,

2. éclairciſſent les ſucs épais.

On peut s'en ſervir dans les fièvres chaudes & contagieuſes, & contre la gravelle.

d) *Celles qui ont un* goût doux, *comme* la régliſſe, les figues, les dattes, la racine de polypode, l'anis & la ſemence de fenouil.

Elles diſſolvent les humeurs ſalées & acres.

On s'en ſert contre la toux, les catarres, & *les autres* maux d'eſtomac, la gratelle, la ſtrangurie & la gravelle.

e) *Celles qui n'ont* point de goût particulier, *mais*

a) Qui contiennent quantité de parties phlegmatiques & aqueuſes,

com-

comme la guimauve, la buglosse, la bourrache, les mauves, les violettes, le pourpier. *Celles-ci*

1. ôtent intérieurement l'acreté du sang,

2. amolliffent extérieurement & appaifent les douleurs.

Elles font propres contre les inflammations du cou, le miferere, les playes & les enflures.

b) De plus celles qui ont des parties huileufes *&* fulphureufes, *comme* le melilot, le mille-feuille, le fureau, le fafran, le lis blanc. *Celles-ci*

1. amolliffent les enflures legéres.

2. adouciffent les douleurs externes,

3. guériffent les playes.

Leur ufage fe manifefte dans les playes exterieures.

B. Selon l'Odeur,

a) En général

   a) *celles qui ont* bonne odeur, *font* falutaires,

   b) *celles qui ont* une odeur agréable, *font* cordiales,

   c) *celles qui font* aromatiques, *font* des remèdes diffolvans,

   d) *celles qui* fentent l'urine, *& qui ont des* parties flegmatiques *&* farineufes, incitent à la volupté.

   e) *celles qui ont* mauvaife odeur, *font* fufpectes.

   f) *celles qui donnent du* degoût, *font* ordinairement vénimeufes.

b) En particulier

   a) *celles qui font* aromatiques, *&* qui renferment une huile agréable, *comme* la marjolaine, la mente, le romarin, la meliffe, la camomille Romaine, le thim, la canelle. *Celles-ci*

1)

1) fortifient intérieurement les nerfs & le cerveau.

2) elles diffipent extérieurement les inflammations.

Elles font bonnes contre l'apoplexie, les affoibliffemens, le mal caduc, la migraine, les maux de tète, *&* les fluxions, la gangréne, les enflures *&* l'éréfypéle.

b) *celles dont* l'odeur eft agréable, *comme* les fleurs des tilleuls, les lys des vallées, la fauge, la rofe, les fleurs des amandiers.

Celles-ci reveillent & fortifient.

Et font propres contre la contraction des parties nerveufes, *furtout par* l'eau *qu'on* deftille de ces fleurs.

c) *celles qui ont* une odeur désagréable *&* forte, *comme* le fafran, le pavot, la morelle. *Elles*

1) occafionnent le fommeil,

2) appaifent les douleurs.

E 6

3)

3) entêtent auffi, & font généralement plus de mal que de bien. (*)

c) *Les* fruits potagers *nous fervent* d'aliment.

1) *foit leurs* feuilles, *comme* la falade, les choux bruns, blancs, le creffon, &c.

2) *foit leurs* fruits, *comme* les concombres, les courges & les melons, &c.

3) *foit feulement leurs* femences, *comme* le pavôt, le fenouil, l'anis, la coriandre, le cumin, la moutarde, &c.

4)

(*) On a voulu s'étendre un peu fur cette partie des plantes & des fleurs, à caufe de leur utilité. De là vient qu'ayant parlé des legumes ou fruits des jardins, on a furtout traité des plantes medicinales dont les apoticaires fe fervent dans la medecine, de maniere qu'il a fallu faire mention de quelques racines, écorces, buiffons, & arbres.

4) *ſoit leurs* longues racines, *comme* les raves, les navets, les carottes, les raves rouges, les panets, le perſil, le réfort, &c.

5) *ſoit des* racines rondes, *qu'on* fend, & *qu'on* pèle, écorce, *comme* les oignons, les ails, les porreaux, &c.

f) *Les* legumes *qui ont une* gouſſe, *ſont :* les féves, les pois, les pois chiches, les lentilles, la veſſe, &c. *On pourroit ajouter ici* le lin & le chanvre.

g) *Les* blés *ſont* le froment, le ſeigle, l'orge, les blés ſauvages, l'épautre, l'avoine, le millet, le ſarrazin, le ris; & les mauvaiſes herbes, (l'yvraye) le grain à bruler, &c.

h) *Les* arbriſſeaux *ſont :* l'hieble, la bruyere, l'ortie, le chardon, la ſauge, la ruë, &c.

i) *Les* buiſſons, *par exemple :* le noiſettier, le génévrier, le ſureau, le roſier, la vigne, les brouſ-

<table><tr><td>E 7</td><td>ſailles,</td></tr></table>

failles, les ronces, le grofeil-
ler, le gadelier, &c.

k) *Les* arbriffeaux dans l'eau : le jonc,
le rofeau, la canne, &c.

l) *On peut commodément divifer les* arbres,

  a) *en* fruitiers : *c'eft ici la place*

    1) *des* arbres fruitiers, *qui portent*
des pommes, des poires, des
pêches, des prunes, des ceri-
fes, des nefles. *D'autres por-*
tent des figues, des oranges,
des citrons, des grenades, &c.

    2) *les* arbres *qui portent* des noix,
comme ceux qui produifent des
noifettes, des noix, des aman-
des, *&* des marons (cha-
taignes.)

    3) *les* arbres *qui ont* des grains :
comme le meurier, l'olivier, le
laurier, le fraifier, le forbier,
&c.

    4) *les* arbres *qui portent* des glands
& caffenolles, *favoir* le chêne,
le fau, &c.

5)

5) *les* arbres *qui donnent* les épices, *comme* la canelle, le poivre, le cubebe, la muſcade, les giroſfles, le cardamome, la caſſie.

6) *les* arbres *qui donnent de* la reſine, *comme de* la gomme, *de* la reſine, *de* la poix, du bdellion, du maſtic, *de* la myrre, *de* l'oliban, &c.

b) *les* arbres non - fruitiers : *comme* les ſaules, l'aulne, les tilleuls, le bouleau, le fau, le ſapin, le pin, la peſſe, le cedre, le peuplier, le plane, l'orme, le frene, &c.

Enfin il ne faut pas oublier qu'un lieu rempli d'arbres fruitiers *ſe nomme un* verger, *qui eſt different d'une* forêt, *dans laquelle il n'y a que* des arbres ſauvages : *De même* les bocages de plaiſance, les forêts, les bois d'abbatis, les bois pour bâtimens, *ou* les forêts franches, les buiſſons, les épinayes, les bois agréables *remplis* d'oiſeaux, *&* les forêts pleines de détours,
diffe-

différent de beaucoup *les uns des autres.*

(IV.) Le régne de l'eau, *comme quelques-uns le nomment, ou* la doctrine des eaux, *fera aussi détaillée en peu de mots. On a déja ci-dessus*

A. Traité en général des propriétés de l'eau, *& de quelques parties qui s'y trouvent :* on fera principalement mention ici

   a) De la division de l'eau. *Quelques-uns la divisent*

      1) en eau ordinaire, *& y com-prennent* les eaux couran-tes : *par exemple,* l'eau de fontaine, de puits, de fleu-ve ; l'eau croupissante (dor-mante) *comme* l'eau d'étang, de marais, de lac.

      2) en eau minerale, *qui est*

        a) en partie froide, *par exemple,* l'eau de vitriol, d'alun, d'al-cali, pleine de terre, l'eau aigre, &c.

                                                        b)

b) *en partie* chaude, *qui se trouve dans* les bains chauds. *Ceci étant établi d'avance, il reste à parler*

b) Des reservoirs, *ou des lieux où se trouve l'eau. Il y a*

a) les eaux de source, *qui se trouvent, ou dans les* sources, *où l'eau* sort, regorge, *souvent* à gros bouillons, *sourde & découle des creux* souterrains, *& des* abymes *& des* amas d'eau *qui y* sont : *ou* dans des puits *qu'on* trouve creusés, *& qu'on* entoure *par les* soins & la peine des hommes, *en* conduisant les eaux de leurs lits (sources) *dans des* tuyaux *& des* conduits *par* l'art des fontaines, dans des reservoirs, *& dont on* fait des jets d'eau de toute espèce. *De là viennent*

b) les eaux courantes, *soit dans* d'étroits fossés, *ou* ruisseaux, *ou dans* des ruisseaux formés *par* les eaux de pluie, *ou dans* de petites riviéres, des bras de
rivié-

riviéres, des riviéres navigables, des grands torrents, des eaux courantes par divers détours, *lesquelles souvent paſſent vite & avec beaucoup* de bruit, *& ſouvent même coulent par pluſieurs* courbures & détours lentement & doucement dans leurs canaux près de la riviére, *mais qui* en ſortent *quelquefois* & ſont auſſi ſouvent des débordemens, & *même* des inondations, *avant que* de ſe précipiter par les embouchures dans la mer. *Elles ſont en quelques* lieux ſans fond; *de là vient qu'on parle ſouvent* d'abîme, ou de goufre, *qui doit être*, où *l'on voit le* tournant d'eau.

e) Les eaux croupiſſantes *ſont fort* differentes, *par exemple*, les eaux de foſſé, d'étang, de marécages, de marais, de lacs. *Il y a* des lacs, *qui reçoivent* de l'eau, *mais dont* le décours *n'eſt* pas viſible : *d'autres qui* ont un décours, *mais qui n'ont* point de concours d'eau ; *d'autres*

tres qui ont *un* concours &
décours vifible : *Il y a auffi*
des lacs formés *par* les orages,
des lacs bruyants, miraculeux;
des lacs qui hauffent *ou tom-
bent felon* le flux & le reflux.
Il refte encore

d) l'eau de mer, *qui eft* falée, &
amére, & *qui* eft rarement ap-
planie & tranquille, *parce
qu'elle eft* toujours agitée par
les vents : *de là* vient que les
vagues *s'enflent* très - *fouvent*,
mugiffent, débordent, & frap-
pent *avec* grand bruit les bords
(le rivage ;) *mais bientôt elles fe
retirent. Il y a auffi* le flux &
le reflux. *Il y auroit encore*
beaucoup *à dire* de l'Océan,
des mers *entourées de* plufieurs
Isles, des détroits, des golfes,
des ports de mer, des rades,
des isles, des presqu'isles, des
baffes, des écueils, des pro-
montoires, des rochers, des
abimes &c. *Toutefois ceci fuf-
fira.*

Nous

Nous quitterons la terre *& nous ap-
prendrons à connoitre les corps
qui se trouvent*

(II.) Dans l'air : *Car*

a) L'Atmosphère , *c'est à dire, le*
grand espace *de la* terre *jusqu'aux* étoiles, *est remplie* près
de la terre *d'un* air épais ; *un
peu plus haut d'un* air plus subtil ; *& tout à fait* en haut
d'un air très-subtil : *mais surtout il nait dans* la basse région de l'air des corps, *dont
nous dirons quelque chose.*

b) *On a déja* en partie traité *ci-dessus* des propriétés de l'air. *Nous
ajouterons seulement que* l'air *est*
un corps fluide, subtil, invi-
sible, *qui a une* force élastique,
& peut par les exhalaisons *de-
venir* humide, chaud, froid,
épais, rare, pésant, non se-
rein, *mais* nébuleux, impur,
puant, mal sain, contagieux,
pestilentiel. *Sur toute chose*

c)

c) *Il faut observer* les mouvemens de l'air, *dont la* principale cauſe *eſt le défaut* d'équilibre dans l'air : *de plus c'eſt auſſi une* rai- ſon du mouvement dans l'air, *quand il eſt dans* un endroit *plus* chaud, *ou* plus froid, plus épais *ou* plus ſubtil, *ou quand quelque choſe ſe meut* rapide- ment par l'air. *Comme ce mou- vement* de l'air ſe nomme le Vent ; *cela nous oblige à parler ici des* vents, &

d) *Nous en ferons* la diviſion

1) par rapport aux quatre régions principales, *ſçavoir* l'orient, le midi, l'occident, & le ſep- tentrion (ou l'Eſt, le Sud, l'Oüeſt, & le Nord.) *De là les* quatre Vents principaux, *qui* partent des quatre régions principales : *comme* le Vent d'Eſt, le Vent d'Oueſt, le Vent du Sud, & le Vent du Nord : *Outre ces* Vents-*ci*, *il y en a encore* vingt huit, *qui ont leurs noms particuliers, par exemple :*
le nord-

le nord-eſt, le nord-oüeſt, le
ſud-eſt, le ſud-oüeſt, &c.

2) par rapport à la force & aux
effets : *il y a des tempêtes de*
vent, des nuées de vent, de
groſſes pluyes *qui* cauſent des
inondations , des flammes de
vent, des tourbillons de vent,
des tourbillons &c. *Les* trem-
blemens de terre *proviennen*
des vents ſouterrains.

3) par rapport au tems, *il fau*
remarquer qu'il y a des vents
froids, des vents doux, des
vents du nord *rudes.*

c) *Les* effets & l'utilité de ces vents
ſont fort divers : ils purifient
l'air, ſéchent, rafraichiſſent,
humectent, donnent la ſéréni-
té, attirent les nuages, cauſent des tempêtes, *qui* abbâ-
tent les arbres, & renverſent
les édifices : *tout ceci ne ſe fai*
pas ſans grand fracas, bruit, &
craquement, *où l'on entend* un
ſon épouvantable.

f) *Le* son *eſt* proprement la ſenſation causée par des parties de l'air ſubitement émuës. *Mais le* ton *n'eſt qu'une* certaine diſtinction du ſon. *Celui dont* l'ouïe eſt bonne, diſtinguera ſans peine *ce qui* eſt rire *ou* pleurer; éclater de rire, & fondre en larmes, *ou* hurler, *pouſſer* des cris de joye, *ou* ſoupirer, ſiſler ou crier &c. *Il deviendra auſſi facilement* muſicien, & pourra mieux comprendre les divers tons dans la muſique, & *indiquer* promptement *ce que c'eſt qu'*un ton foible, fort, haut, bas : *il apprendra plutôt dans* la muſique les notes, les ſons & les mélodies, *comprendra ce que c'eſt qu'*une octave, une tierce, une quarte, une quinte. *Il pourra juger* plus juſtement des Inſtrumens trouvés dans l'art des tons, & ce que c'eſt que joüer du violon, de la flute, battre la caiſſe, toucher les timbales, ſonner la trompette, joüer de la harpe, de la cymbale, du lut, du
claveſ-

claveſſin, des orgues &c. *De méme l'Echo le rejouïra encore plus.   Toutefois paſſons tout ceci, & examinons encore*

g) Les Météores, *que l'on diviſe en*

1) météores aquatiques, *comme ſont les* exhalaiſons aqueuſes, desquelles proviennent les brouillards & les nuées, desquelles naiſſent en pleuvant, neigeant, grêlant, & givrant, la roſée, la pluïe, la forte pluïe, la grêle, l'ondée, le greſil, (ſorte de roſée,) la gelée blanche, la neige, &c.

2) météores ignés : *desquels ſont la* foudre, *qui perçant* les nuës *parmi* les éclairs & le tonnerre, abbat, perce, écraſe, diſperſe tout ce qu'elle rencontre &c. *De méme* les éclairs, les feux follets, les étoiles étincelantes, les dragons volants, les globes de feu, les Aurores Boréales.   *Enfin en*

3) météores d'un ordre *tout* particulier.   *Ce ſont :* l'arc-en-ciel,
le

le cercle de la lune , les pa-
relies , les parafelénes , &c.

*Finalement il y a encore à con-
fidérer*

(I.) Ce qui fe trouve au Ciel, *favoir*
au Ciel étoilé, *dont on peut*

(1) en général

1) *Donner pour* explication, *que c'eſt*
cet efpace extrèmement grand ,
étendu, transparent, rempli de
matières fubtiles *où fe trouve*
une quantité presqu'innombra-
ble de corps luifans & refplen-
diffans.   *Ce Ciel a*

2) *Pour* propriétés , *qu'il nous paroit une* voûte fpacieufe , ronde , ou un demi-globe. *Quand*
le *Ciel* eſt bien clair *&* fans
nuages, *il paroît* de jour bleu,
& de nuit noir. *Toutefois il
fe trouve* une raye blanche,
qu'on nomme la voye lactée, *&
qu'on* peut remarquer des yeux
quand l'air de la nuit eſt fe-
rain.   *Quant*

F

3) *A la* grandeur du Ciel, *on ne sau-roit pas trop bien la définir :* Car *felon* le calcul *de quelques* Aftro-nomes, *les Etoiles fixes font éloi-gnées de la terre au-delà* de cent mille demi-diamètres, *ce qui monte à* quatre-vingt-fix millions, quatre cent mille lieuës. *Mais* le Ciel *s'étend encore plus loin que* les Etoiles fixes. *Ce nonobftant*

4) *On en fait ainfi* la divifion. *On fe répréfente* cet efpace *comme* une boule creufe. *Il y a à ob-ferver dans cette* boule :

a) Des points : le pole arctique, & le pole antarctique, le Zenith, le Nadir &c.

b) Des lignes : l'axe du monde & la ligne du midi.

c) Des cercles : l'Horifon, le Me-ridien, l'Ecliptique, l'Equateur, *qui partage* le Globe en deux parties égales, le Colure des Solftices, les Tropiques du Cancer & du Capricorne, les Cercles polaires.

d)

d) *Des* surfaces : la Zone torride, deux tempérées, & deux glaciales. *Tout cela peut* se voir distinctement *sur une* Sphére artificielle. *Mais nous examine- rons aussi*

(2) principalement les Corps céleftes, *dont*

a) le Soleil eft le principal. *Duquel*

1) *La* nature eft ardente. *Cela se prouve par* la lumière, la cha- leur, les rayons du foleil, *mais surtout en réünissant* les rayons du foleil dans un point à l'aide du miroir ardent, *par* le moyen *duquel tout* s'allume dans un moment, fe brule, fe réduit en cendre, *ou* fe vitri- fie. *Si* le Soleil *ne nous* éclai- roit de fes rayons, *nous ne ver- rions rien diftinctement, ni ne vivrions* aufli *contens.*

2) *La* figure du corps folaire *eft* ronde *comme* une boule, *quoi- qu'il ne nous paroisse que comme* une affiette ronde, d'argent, luifante.

F 2

2)

3) *Les* phases, *ou ce* qu'on observe au soleil, font entr'autres des marques qu'il a, *ou* des taches. *qu'on n'observe que par* les lunettes d'approche ; il fe cache, *quand* la lune fe trouve entre fe foleil & la terre, *d'où provient* l'Ecli-fe ; *il paroit à* fon lever, *&* à fon coucher, grand, rouge & oval &c.

4) *Quant* au mouvement du foleil; *il eft de* trois fortes : *fçavoir,*

   a) *Le* mouvement autour de fon axe, qui fe fait *en vingt-fept jours, douze heures, fix mi-nutes.*

   b) *Le* mouvement diurne, *comme il nous* paroit, autour de no-tre terre, *en vingt - quatre heures.*

   c) *Le* mouvement annuel autour du Zodiaque *en trois cent foi-xante cinq jours, cinq heures, quarante - huit minutes.*

5) L'éloignement du soleil *de notre* terre, *est selon quelques calculs, de vingt - sept millions de lieuës.*

6) *La* grandeur du soleil, *selon son étenduë corporelle, doit être* un million de fois plus grande *que* nôtre terre. *Après le Soleil, qui est comme au centre, sont*

b) *Les* étoiles, *dont*

A) *les unes se nomment* les planètes, ou les étoiles errantes; *elles n'ont pas toujours la même* apparence, & *ne* sont pas toujours *dans le même* éloignement: *On nomme* planètes principales, *celles qui se meuvent autour du soleil.* Il y en a six; *sçavoir,* Mercure, Venus, la Terre, Mars, Jupiter, Saturne. Les planètes secondaires *sont celles qui se meuvent autour des autres planètes: Comme* la Lune autour de notre Terre : *les* quatre satellites autour de Jupiter : *les* cinq satellites autour de Saturne.

F 3

a) Mercure *eſt* le plus proche du ſoleil, *paroit* rond *&* reſplendiſſant,
va comme les autres planètes,
tantôt en avant, *tantôt* rétro-
grade, *tantôt* ſtationnaire. *Il*
paſſe quelquefois par le ſoleil
comme une tâche noire : *c'eſt au*
reſte un corps rond, *de ſoi-*
même opaque, *mais il eſt* illuminé par le ſoleil. *Il ſe meut*
presqu'en quatre vingt huit jours
autour du ſoleil. *Il eſt* ſix fois
plus petit que la terre. *Suit*

β) Vènus, *qui eſt de même* un corps
rond, opaque, *&* illuminé par
le Soleil, *comme* Mercure : *elle*
ſe nomme l'Etoile du matin,
quand elle va devant le Soleil
comme une étoile qui jette ſes
rayons; *&* l'Etoile du Soir,
quand elle ſuit le coucher du So-
leil. *Elle ſe meut autour* du Soleil *dans l'eſpace de deux cent*
vingt - cinq jours, & dix - ſept
heures. Elle doit être presqu'auſſi
grande que notre terre.

γ) *La* Terre *eſt entre* les planètes
principales la troiſiéme.

1)

1) *Sa* figure *est* ronde, *mais de ma-nière qu'elle est un* peu élevée vers les Poles, *par conséquent c'est* un corps sphéroïde.

2) *La* nature de la terre *peut être prise de ce qui suit ;* c'est un globe de terre & d'eau. *La* surface *en est* çà & là a-queuse, bourbeuse, féché, fablonneuse, pierreuse : *il s'y trouve aussi* des surfaces pla-nes, *comme par exemple* la mer : *Il y a* des Montagnes, des vallées, des vallées *envi-ronnées* des montagnes, des collines, des terroirs bas, pleins de fentes & de caver-nes. *La* terre *est en elle-même* un corps obscur, illuminé *par* le soleil. *Elle a son* Atmof-phère.

3) *Le* mouvement de la terre *est de* deux fortes : *elle se meut autour* de son axe *dans l'espace de vingt - quatre heures ; & en trois cent foixante - cinq jours, cinq heures, quarante-huit mi-nutes,* autour du soleil.

F 4

4)

4) *La* grandeur de la terre *a été diverſemênt fixée par pluſieurs.* Les uns prennent pour ſon diametre *mille ſept cent vingt buit lieuës,* & *pour* ſa péripherie *cinq mille quatre cent lieuës.* D'autres au contraire admettent d'autres grandeurs. *Il y a encore*

5) *La* Lune, *qui eſt* un ſatellite de la terre. *Elle eſt auſſi un corps* opaque, & illuminé par le ſoleil, *comme* la terre. *Tantôt elle* augmente, *tantôt elle* diminuë. *On la voit tantôt ronde,* ſavoir la pleine lune, *comme* une aſſiette d'argent ronde ; *tantôt à* demi illuminée, *par ex. dans* le prémier & le dernier quartier : *tantôt plus* d'à moitié illuminée, *tantôt comme* une faucille, *tantôt elle* eſt inviſible, *comme* il arrive ſouvent à la nouvelle Lune. *Il ſe fait* une Eclipſe, *quand* la terre *paſſe entre* le ſoleil & la lune. *La* Lune *ſe meut non ſeulement autour* de la terre ; *mais auſſi autour*

tour du foleil. *Qu'il y ait dans* la lune, *& dans les autres* pla- nètes, *des habitans* raifonna- bles, *comme* fur notre terre, *c'eft - ce que quelques - uns veu- lent prouver*, par ce que la lune eft un corps femblable à no- tre terre, *où il y a* des mon- tagnes, des vallées, *&* des fleuves, *telles que s'il y avoit* une Atmofphère &c. *& que toutes ces chofes exiftant*, Dieu ne fauroit les avoir créées inuti- lement.

♂) Mars *a une* lumière fort rougeâ- tre, *& on y* découvre par les lunettes d'approche beaucoup de tâches : Il fe meut autour du foleil dans l'efpace *de trois cent vingt - un jours vingt - trois heures. Il eft de lui - même un* corps opaque; *mais* illuminé par le foleil, *comme les autres planètes. Il doit étre* deux fois *plus* grand que la terre.

♃) Jupiter, *qui eft* un corps oval, *a aujfi certaines* bandes *&* ta...
F 5 ches,

ches, & autour de lui quatre petites étoiles, *qu'on nomme* fatellites *ou* lunes de Jupiter, & *même* les aftres du Brandebourg. *Il fe meut* autour du foleil *dans l'efpace de onze ans, trois - cent - dix - fept jours, quatorze heures. Il doit être* mille fois plus grand *que* la terre.

*) Saturne *eft* la dernière & la plus éloignée des planètes principales, *qui fe meuvent* autour du foleil : *il donne* une lumière pâle. *Quelquefois on lui remarque, par le* Telefcope *un* anneau, cercle, *fouvent* des anfes. *Il a* cinq fatellites *ou* lunes autour de *lui. Il finit fa courfe* autour du foleil *en vingt-neuf ans cent feptante - cinq jours quatre heures. Il doit être mille fois plus grand que* la terre.

(B) Les Etoiles fixes, *dont voici*

α) *La* defcription : *ce font* des corps ardens, *qui ne* changent pas leur fituation, ni leur diftan-

ce,

ce. *Il faut bien distinguer les* conftellations *des* étoiles. *Car celles - là ne font toutes qu'un* amas d'étoiles, *& celles - ci qu'une* feule étoile, *qui peut être de la* première grandeur, *de la* feconde, *de la* troifiéme, *de la* quatriéme, *de la* cinquiéme, *de la* fixiéme.

β) *Leur divifion : On a repréfenté* les aftres *fous certaines* figures : *comme* la grande, la petite ourfe, le dragon, le charretier, la lyre, l'aigle &c. *On peut* cher-cher *&* obferver les conftellations principales *en trois endroits* du Ciel. *Les unes font fur* ces lignes larges, *qui paffent par* le milieu du globe célefte *& qu'on nomme* le Zodiaque, *c'eft là que fe trouvent* les douze fignes céleftes.

1) Les Aftres dans le Zodiaque. Vers le Nord *font :* le belier, le taureau, les jumeaux, l'e-crevifle, le lion, la vierge. *Vers* le fud *il y a* la balance,

 le

le scorpion, le sagittaire, le capricorne, le verse - eau, les poissons.

2) *Les* Astres *hors* du Zodiaque *font :* la baleine, l'Eridan, l'Orion, le lièvre, le gril, le grand, le petit chien, le serpent, le corbeau, la tasse, le centaure, le loup, l'autel, la couronne &c.

3) *Les* Constellations vers le Nord, *font :* la grande & la petite Ourse, Cephée, le dragon, le bouvier, l'Hercule, la couronne, Cassiopée, Andromede, Ganymede, le Cigne, le charretier, la chevelure de Berenice, le serpent, la tête de Meduse, l'aigle, Antinous, le Dauphin, le Pegase, le triangle &c.

4) *Des* étoiles fixes, *nous remarquerons encore,* que ce font de grands corps ardens, *tels que* notre soleil. *La plus petite* étoile fixe *que nous pouvons voir*

de

de nos yeux, eſt *pluſieurs* mil-
liers de fois plus grande que
notre terre; *De là vient que
quelques - uns ſoutiennent que
chaque* étoile fixe *a ſes* planètes *autour d'elle, & fait ainſi*
un Syſtème de Monde particulier : *De cette ſorte autant
qu'il y auroit d'étoiles fixes, autant y auroit-il de Syſtèmes.* O
combien de Mondes! *Mais il
faut parler*

ſ) *Des* étoiles changeantes & extra-
ordinaires, *qu'on nomme* des
Cométes : *les unes ont* une
longue queuë, *les autres* une
courte, *d'autres* jettent autour
d'elles des rayons. *C'eſt aux*
Aſtrologues *à prouver aux* Aſtro-
nomes, *qui le nient*, ſi ces
nouvelles étoiles préſagent *quelque choſe ? Si nous*

(3) *voulons en peu de mots parcourir ce*
Syſtème, *ou ce* grand monde;
il faut néceſſairement

a) *donner une* explication *de ce qu'on
entend* en général par Syſtème.

F 7 *Dans*

Dans l'Aſtronomie *on entend par* Syſtème, *l'ordre* & la ſi-tuation de quelque Corps cé-leſte qui ſe meut autour d'un autre. *Il y a de cette maniére pluſieurs* ſortes de Syſtèmes : *par ex.* le Syſtème du Soleil, *c'eſt* l'ordre & la ſituation des Planètes principales, *qui ſe meuvent* autour du Soleil. *Ou-tre celui-ci, il y a encore le* Sy-ſtème de Saturne & de Jupi-ter. *Quelques - uns prennent en-core* le Syſtème du monde *pour* l'ordre & la ſituation de tous les Corps céleſtes, & *poſant qu'autour des* étoiles fixes *ſe meuvent* des planètes, *ils en* font des Syſtèmes.

b) On ne ſauroit rapporter ici tous les différens Syſtèmes : *nous n'en indiquerons que trois : Savoir*

a) celui de Ptolomée, Aſtronome *de ce nom. Selon ſon* Syſtème *les corps* céleſtes *ſont ainſi : dans* le centre la terre : la lu-ne *ſe meut autour de* la terre, *enſui-*

enſuite Mercure, *puis* Venus,
après le Soleil, & *plus loin*
Mars, *après lui* Jupiter, *enfin*
Saturne, & *bien loin de là les*
étoiles fixes.

β) *Celui* de Tycho - Brahé : *celui - ci*
met la terre *dans* le centre ; *au-*
tour de la terre *ſe meut premié-*
rement le Soleil, *puis* la Lune,
mais autour du Soleil, *qui fait*
le centre, Mercure, Venus,
Mars, Jupiter, Saturne.   *Les*
étoiles fixes *ſont fort éloignées.*

γ) *Celui* de Copernic, établi *par*
Nicolas Copernic : *Selon ſa théſe,*
le Soleil eſt au milieu : *autour*
duquel ſe meuvent Mercure, Venus, la Terre, *mais autour de*
celle-ci la Lune, Mars, Jupiter, Saturne, & *enfin viennent*
les étoiles fixes.   Ce *dernier eſt*
ſans contredit le meilleur Syſtème, *parce qu'on*

ε) peut mieux expliquer *par ſon mo-*
yen les Phénoménes & *événemens*
dans le Ciel, & *ſur la terre,*
                                    par

par ex. les quatre *saisons :* le printems, l'été, l'automne *&* l'hyver : *de même, pourquoi il* fait froid en hyver, *au printems chaud, en* été plus chaud, *&* en automne *un* air *vif &* frais. *D'où provient* le plus long *&* le plus court jour, *& d'où vient qu'en* divers tems *de* l'année le jour *&* la nuit font égaux. *D'où vient qu'il paroit que quelques* planètes *femblent aller* en avant *ou* en arrière, *quelquefois* même être ftables : *D'où vient* que les étoiles femblent fe mouvoir de l'orient vers l'occident.

* * *

Voici jusqu'où s'étend la courte re-préfentation *de l'Univerfel, de Dieu, de l'homme, & du monde.* Ce feroit aller contre le but qu'on s'eft propofé, que de vouloir expliquer plus au long & plus exactement les chofes qu'il renfer-me. Ce ne doit être qu'un petit eſſai, contenant la méthode d'enfeigner à la jeuneſſe la quantité de chofes qui fe

trou-

trouvent dans le monde. N'ayant parlé plus haut page 28. qu'en général des Etats de l'homme, felon leurs Noms; on a en finiffant fait un Effai, pour indiquer comment on pourroit plus amplement & plus utilement répréfenter chaque état par une plus ample explication. On a pour cet effet choifi l'érudition. La Table fuivante fera voir, comment on pourra faire connoitre à la jeuneffe les principales fciences & chofes, qui font partie de l'érudition.

Table de l'Erudition.

I. *On remarque en général*

a) *que l'Erudition eft une connoiffance diftincte des chofes, des Sciences, des Langues, & des Arts, qui fe trouvent dans le monde.*

b) *qu'on nomme* favant *celui qui a une ample connoiffance de toute forte de fciences, arts & langues.*

c) *que c'eft avec* raifon *qu'on nomme* docte *celui qui diftingue bien les chofes, qui les nomme par leurs noms,* &

& qui peut rendre raison de ce qu'il fait.

d) *qu'un* Polyhiftor, (homme qui a beaucoup lû) *eft un Savant verfé en beaucoup de fciences.*

e) *mais un* Panfophe, *un homme qui s'eft bien appliqué à toutes les fciences qui conftituënt l'érudition, où l'un & l'autre merite à jufte titre ce nom.*

II. *Il faudra* particulièrement examiner les Sciences, les Doctrines, & les Arts, *que l'érudition renferme. Prenons d'abord*

(A) Les Efprits. *Traite-t-on*

a) en général des Efprits, *cette doctrine fe nommera la* Pfychologie. *Examine t-on*

b) en particulier les Efprits, *comme*

α) Dieu , l'Efprit le plus parfait; *il faut apprendre* la Théologie, *&*

a) *non feulement* la Théologie na-turelle, *par laquelle on apprend à connoitre, par la feule raifon & par la nature, l'effence de Dieu & fes attributs.*

b)

b) *mais aussi* la Théologie révélée, *qui nous enseigne seulement à connoitre Dieu par la parole révélée, c'est à dire, par l'Ecriture sainte.* On peut la diviser en plusieurs manieres.

1) Quant aux choses, *il faut réprésenter par l'Ecriture sainte*

   a) *les verités divines, selon* l'art d'expliquer, &

   b) *dans* la Théologie dogmatique, *les articles de foi ;*

   c) *mais dans* la Morale, *les devoirs de la vie, de maniere*

   d) *qu'on soit en état de répondre, par* la Théologie polémique, *aux objections de nos adversaires,* & *de réfuter leurs erreurs.* Car

   e) *quelques - uns ne doivent donner qu'une reponse distincte à* des questions de Conscience.

2) Quant à la méthode, *il faut observer que*

   a) *les uns ont réprésenté* dans un Systême *toute l'enchaînure des verités théologiques.*

b)

b) *D'autres les proposent en Chaire,
dans les Recueils de discours pour
l'Eglise, & dans les Maisons, ou
dans leurs Sermons.*

c) *Des troisièmes les parcourent, surtout
avec la jeunesse, catégoriquement,
ou par demandes & reponses.*

d) *Des quatrièmes tâchent de les pro-
poser par voye d'exhortations,
surtout de les rendre touchantes,
& pénétrantes jusqu'au cœur.*

e) *Des cinquièmes les traitent mysté-
rieusement, & n'en prennent que
le sens mystique.*

f) *Des sixièmes tirent leur Théologie
des Pères des prémiers siècles.*

g) *Des septièmes enfin puisent dans les
Confessions de foi de la Réligion
évangelique.*

h) *Des huitièmes ne traitent les matières qu'historiquement, & racon-
tent ce qui est arrivé à la Théologie & à ses dogmes.*

8) *Si les esprits, qu'on nomme fantômes,
existent vraiement dans le monde, &
ce qu'il faut croire de leur apparition,*

tion, *c'est ce qui est expliqué dans* la
Magie, *ou par* la doctrine des
Magiciens?

γ) l'Esprit est l'Ame de l'homme, *un
esprit excellent, immortel: de là vient
que*

* dans la Philosophie

a) on traite & démontre particulièrement la doctrine de l'Ame de
l'homme, &

b) *dans* la Logique, *comment on peut
perfectionner la raison de l'homme;
comme la premiere faculté de l'a-
me, & outre cela comment*

c) *dans* la Morale on *peut régler &
perfectionner la volonté de l'homme,
de maniere que*

d) la doctrine *des vertus soit d'autant
mieux réduite en pratique.*

e) la doctrine de la Sagesse *pour vivre
en société, soit bien appliquée.* Il
ne faut pas oublier ici

f) l'Art d'inventer, *de trouver quelque
chose par le moyen de certains secrets
& caractères, comme une chose*

g)

g) qui éclaircit beaucoup la doctrine *du but des chofes naturelles dans le monde: car il faut qu'un Philofophe*

h) connoiffe toute la Cosmologie, *ou la connexion de tous les corps généraux & particuliers du Globe. & qu'il*

i) poffède la doctrine des propriétés communes des chofes. *En un mot, il faut*

k) qu'il entende bien la fcience, qu'on nomme Métaphyfique, *& les deux dernières parties, favoir celle*

l) qui renferme la doctrine de l'Ame de l'homme & la Théologie naturelle.

m) *Il ne faut pas auffi qu'il ignore* l'Hiftoire de la Philofophie.

Celui qui entend à fond la Philofophie,

*** *** *comprend plus folidement* la Jurisprudence, *& en fçait plus avantageufement faire ufage. Elle peut être*

a) confidérée *quant à fon* origine.

On

On *divise* le droit

1) *en* droit divin, *dont il est aussi parlé dans la Bible : Car Dieu a autrefois donné à* son peuple la loi civile, ecclésiastique *ou* morale :

2) *en* droit humain, *qui comprend de même en partie* les choses spirituelles *&* ecclésiastiques, *en partie* les choses mondaines, d'état, & civiles.

b) quant à son contenu, le droit mondain *renferme*

1) *les* choses féodales ; *de là naît le droit féodal.*

2) *les choses, où il y va* de la vie ou de la mort ; de là le droit criminel.

3) *Du change ; de là* le droit de change.

4) *De la chasse, des animaux sauvages & des forêts ; de là* le droit des bois.

5) *des mines & des métaux : de là* le droit des Mines.

6) *des Soldats & de la guerre ; de là* le droit militaire.

7)

7) *des vaisseaux & de la Mer: de là* le droit de la Navigation.

8) *les procès de toutes sortes : de là* le droit des procès. *On peut aussi*

c) diviser le droit, quant à son étenduë

1) *en* droit naturel, *qui regarde toutes les personnes raisonnables.*

2) *en* droit national, *qui s'observe parmi les peuples policés.*

3) *en* droit d'Etat, *qui traite des devoirs réciproques des Princes & des sujets.*

4) *en* droit Civil, *qui propose particulièrement les loix, que les Princes donnent à leurs sujets.*

5) *en* droit de Statuts, *qui n'a lieu que dans une Ville ou Societé.*

6) *en* droit de privileges, *qui ne s'accordent souvent qu'à une seule personne. Enfin on peut considérer le droit*

d) Selon les diverses Nations : *On trouve alors*

1) *Le* Droit Romain.

2) *le* Droit Lombardique.
3) *le* Droit Teutonique.
4) *les* Loix Saliques en France.
5) *le* Miroir Saxon.
6) *les* divers Diocéses.
7) *le* Droit Prussien &c.

Nous allons plus loin, & nous examinons

(B) *Les* Corps *comme* le second objet, *qui regarde* l'Erudition. *On réprésente ceux - ci*

2) dans la Physique, *selon leur essence, leur matiére, leur nature & leurs changemens, de maniére que*

a) dans la doctrine des corps (la Cosmologie) *en général on fait mention de l'essence, des proprietés, de la matiére, de la division des corps. Ensuite on propose*

b) La doctrine du feu, (la Pyrologie.)

c) La doctrine de l'eau, (l'Hydrologie.)

d) La doctrine de l'air, (l'Aérologie) *tant de l'air en général, que de ses Phénoménes,*

e) la doctrine de la terre, (la Geologie) *par conséquent des quatre Elemens. Suit*

G   *f*)

f) *la* doctrine des régnes de la nature ainſi nommés : *il y a*

1) *le* régne des plantes.

2) *le* régne des pierres & des mines.

3) *le* régne des animaux, *où l'on
n'explique pas ſeulement la doctrine particuliére des animaux* (la
Zoologie) *les brutes ; mais auſſi
ſpécialement l'on traite de* l'homme ſelon ſon corps.

b) *dans* la Medecine *on examine & l'on
remarque comment* le corps de
l'homme *eſt compoſé*

α) en bonne ſanté.   *Etant*

* l'homme en ſon entier ſelon toutes les parties & marques de
ſanté.   *Mais on peut auſſi*

** ſe repréſenter l'homme ſelon
l'anatomie, *pour en bien connoitre les parties :* &

*** inſtruire l'homme, ſelon la
diète, qui lui préſcrit le man-
ger, le boire, & *toute* ſa conduite.   *Mais l'homme ſe trouve*

β)

β) dans un état maladif, *& alors il faut qu'un savant Médecin connoisse à fond*

1) la doctrine, *tant* des raisons des maladies,

que des caractères des maladies, *& possède*

2) l'art, ou la science, *de rendre au* patient sa premiere santé,

   a) *dans* les maladies internes, il *se sert de* la thérapie.

   b) *mais encore dans* les maladies externes, *il faut qu'il entende nécessairement* la Chirurgie. *Or il lui faut certains remèdes. D'où il les prendra,*

3) *C'est ce que* la doctrine des matières medicales *lui enseigne. La plûpart viennent du* régne des plantes, *c'est pourquoi il faut s'appliquer à* la Botanique.

4) *Quand il* recueille des herbes, des racines *&* choses semblables ; *il faut qu'il entende, comment*

G 2

a)

a) *il* en doit, tant généralement *felon* la chymie, *ou l'art de fé-parer*,

b) *que particuliérement, felon* la pharmacie, *préparer des reme-des: Alors il*

5) *pourra* plus furement *faire ufage de la Medécine, & entreprendre* les cures des patiens, *& il* peut

6) *acquérir au plus* haut degré, la prudence, *qui eft la qualité la plus néceffaire de toutes à* un Medécin, *furtout quand on fait*

(3) bien juger des corps par rapport à leur grandeur & à leurs forces; *mais cela demande une parfaite con-noiffance*

c) *des* Mathématiques, *ou de la doctrine des grandeurs. Car il faut*

1) *qu'il* apprenne à demontrer par la Géométrie univerfelle *les princi-pes de toutes les grandeurs poffibles, & même de celles qui ne font pas propres aux corps, (comme les ver-tus & les vices.) Il aura alors*

2)

2) *à expliquer & à définir, selon* la pure & vraie Mathematique, *les grandeurs, comme*

a) *à l'aide* de l'Arithmétique, *par des nombres, quand il trouvera par un nombre donné un autre nombre :*

b) *par* la Géométrie, *qui lui sert à mesurer les corps selon* leurs lignes, longueurs, places & étendues :

c) *par* la Trigonométrie, *où il découvrira,* à l'aide de trois choses connues, *les autres* choses inconnues du triangle.

d) *par* l'Algèbre, *ou par* le calcul des lettres, *quand il se servira de certaines* lettres & marques, *pour trouver d'autres grandeurs & verités inconnues. S'il s'y est appliqué, & s'il est habile ; il*

e) *pourra,* ayant fait usage des Mathematiques, *mieux juger & employer tout, &*

f) *dans* la Phoronomie, *qui traite des vertus du mouvement, il aura besoin*

G 3

a)

a) de la Méchanique, ou *de cette fcience, qui indique comment les corps peuvent être mûs par l'avantage du tems & de la force;*

b) de la Statique, ou *de la* Doctrine *de la péfanteur & de l'équilibre des corps;*

c) de l'Hydroftatique, *c'eft à dire, de la doctrine de la preffion des corps péfans fur les corps fluides.*

d) de l'Hydraulique, *qui traite du mouvement des corps fluides;*

e) de l'Aërometrie, ou *de la doctrine des effets & de la force de l'air.*

Tout ceci lui paroitra plus clair

g) dans les parties optiques, *s'il fait profeffion*

a) de l'Optique, ou *de la doctrine de la vifion feulement, par un rayon qui va directement en droite ligne :*

b) de la Catoptrique, ou *de la doctrine de la vifion, par le moyen d'un miroir, ou d'une furface polie qui renvoye les rayons;*

c) *de* la Dioptrique, *ou de la* doctrine
*de la vision par le moyen des ra-
yons brisés.*

d) *de* la Perspective, *qui sert à mon-
trer chaque chose, telle qu'elle se
présente à nous dans une certaine
distance & hauteur. Il s'en tirera
mieux*

h) par les parties sphèriques, *pour lesquelles sont*

a) *la* Trigonometrie sphérique, *qui
enseigne à trouver, par le moyen
de trois parties de triangles curvi-
lignes, les autres.*

b) *de* l'Astronomie, *ou de la science
du monde & des corps célestes qui
s'y trouvent;*

c) *de* la Géographie mathematique, *qui
examine la terre selon sa figure,
sa grandeur, & sa division,*

d) *de* la Chronologie mathématique,
*qui est la science de partager &
de calculer le tems;*

e) *de* la Gnomonique, *ou* la science des
Cadrans : *enfin il y a encore*

i) à examiner les parties politiques, où l'on trouve

  a) l'Artillerie, ou l'art des feux d'artifices, *la science de la poudre, des canons & du tirage, sérieusement ou par plaisir;*

  b) la Fortification, ou *la science de fortifier convenablement une place.*

  c) l'Architecture, ou *la science de construire un bâtiment solide, commode, & orné Il y en a qui y ajoutent*

  d) l'Architecture des Vaisseaux, *la science de bien construire & diriger un Vaisseau selon toutes ses parties.*

  On ne pourra apprendre à fond toutes ces sciences, si l'on

(C) n'étudie sérieusement les langues, *& les* sciences historiques. *Quant*

  a) aux langues, *il y a à observer*

  α) *en partie* la pluralité des langues; *car*

a)

a) de l'Hebraïque, *comme d'une langue* fondamentale viennent :

le Rabbinique, le Chaldaïque, le Syriaque, le Turc, le Perſan, l'Ethiopien &c.

b) de la Greque, *il y a pluſieurs dialectes, comme* la Jonienne, la Dorique, l'Attique, le vieux & le nouveau Grec &c.

c) de la Latine *viennent* la Portugaiſe, l'Eſpagnole, l'Italienne, la Françoiſe, l'Hongroiſe, la Polonoiſe &c.

d) de l'Allemande *viennent* l'Angloiſe, la Danoiſe, la Suédoiſe, la Hollandoiſe &c.

e) & *de* la Sclavonienne, la Vandale, la Croate, la Bohemienne, la Ruſſienne &c. *On voit auſſi*

f) en partie la Méthode *de traiter des langues* & *de les apprendre : quand*

g) on a expliqué la Grammaire, *ou la doctrine de la qualité, du changemens*

gement des syllabes, & de l'af-
semblage des mots; on peut alors

b) *plus sûrement commencer* la Rhé-
torique , &

c) *prendre aussi la Poësie.* Il faut
ici examiner

d) la Critique, *ou la doctrine de
bien juger des expressions, & de
tout un discours.* Mais

e) *elle ne peut avoir lieu sans les*
Antiquités. *Si l'on veut être savant dans les langues, il faut
s'appliquer à les étudier.* Outre
les langues

b) *les sciences historiques dans l'érudition trouvent aussi leur place.* On
peut examiner l'Histoire

1) felon l'objet, *dont il s'agit : il
convient ici*

de parcourir l'Histoire littéraire, civile, ecclésiastique, naturelle,
l'Histoire des artistes, & l'Histoire mêlée.

2)

2) *Selon* les tems, *elle peut être ancienne,* moderne, nouvelle: *il y a* l'Histoire du vieux & du nouveau Testament.

3) *Selon* la Méthode. *On peut traiter* l'Histoire de manière qu'on observe

    a) par la Géographie *le lieu, où s'est passé quelque chose de remarquable.*

    b) par la Chronologie, *quand telle ou telle personne a vécu, & quand ceci ou cela est arrivé.*

    c) par la Généalogie *les personnes distinguées & mémorables, du tems desquelles s'est passé ceci ou cela.*

    d) par l'Histoire *même, ou par le récit digne de foi, tel ou tel événement remarquable;*

    e) par la Science des Médailles, *par lesquelles on peut prouver & expliquer telle ou telle Histoire.*

    f) par l'Art Héraldique, *qui peut servir au même usage.*

                                                      g)

g) par une juste application de l'Hi-stoire dans le Droit, & dans la Politique. On pourroit encore

4) *alléguer* les Arts,

tant les Arts libéraux, *au nombre desquels quelques-uns mettent:* la Pharmacie, l'Imprimerie, l'Hor-logerie, la Peinture, la Sculptu-re, l'Orfevrerie &c.

que quelques Arts inutiles & dont on ne fait guères de cas: par ex. l'Astrologie, la Prosopomancie, la Chiromancie, l'Explication des songes, des Noms de baptè-me, des prodiges, & semblables. *Mais il suffit de connoitre les principales doctrines & sciences, qui font l'Erudition. Celui qui comprendra bien toutes les sciences qui ont été représentées ici dans leur liaison, pourra se faire une idée de la grande étenduë & immensité de l'Erudition.*

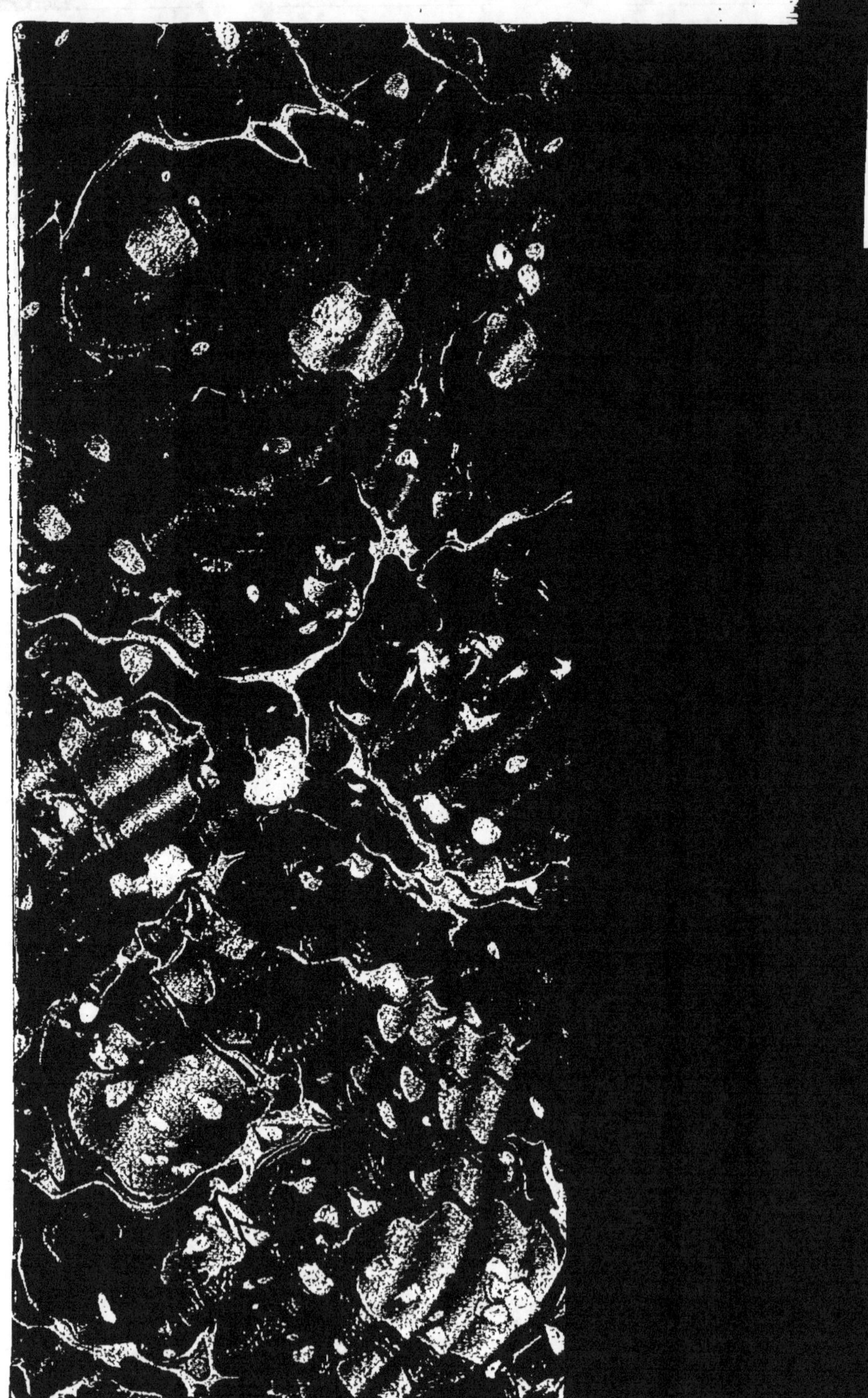